CORÉE DU NORD

NORTH KOREA

Un couple marié au Zoo central. Pyongyang
A married couple at the Central Zoo. Pyongyang

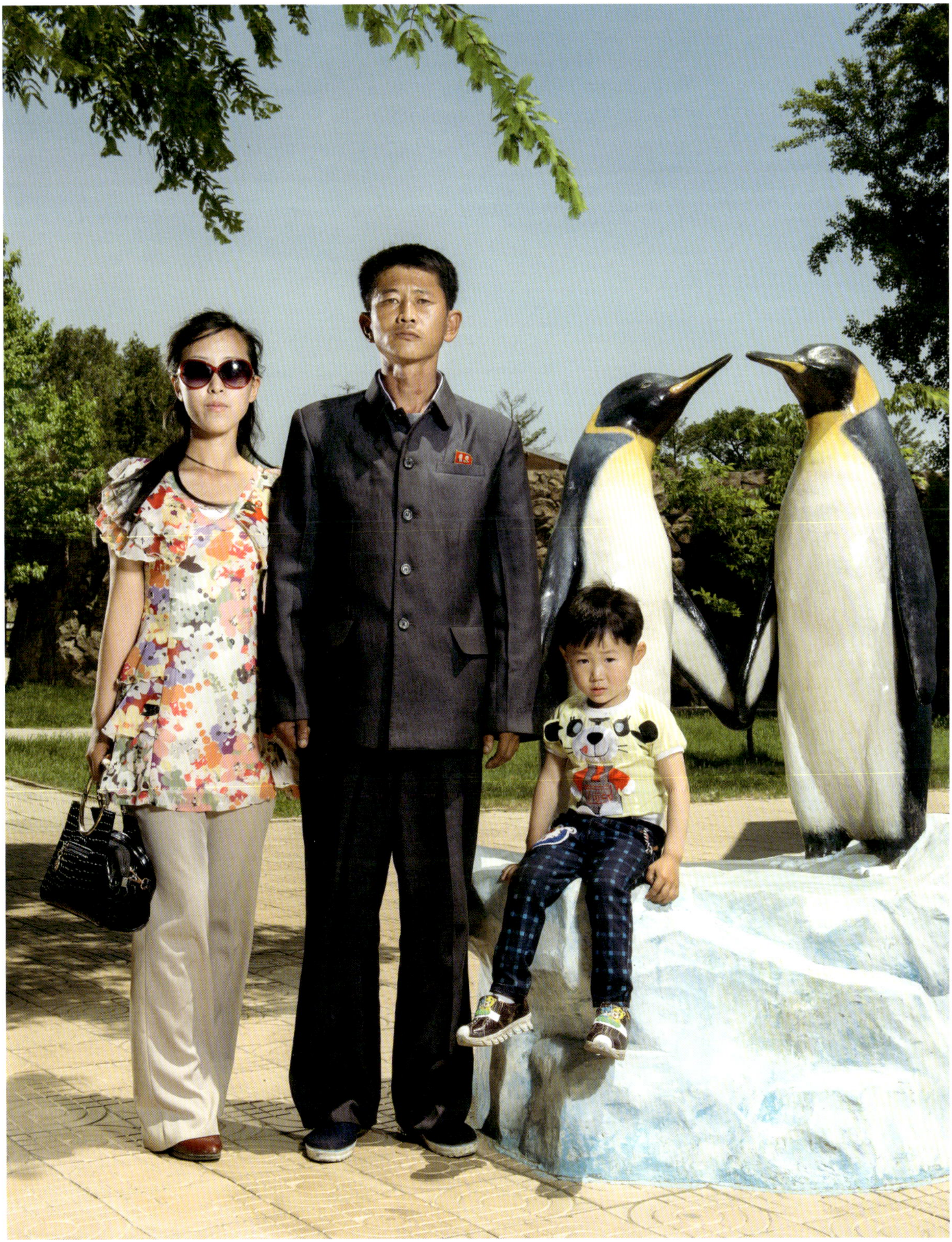

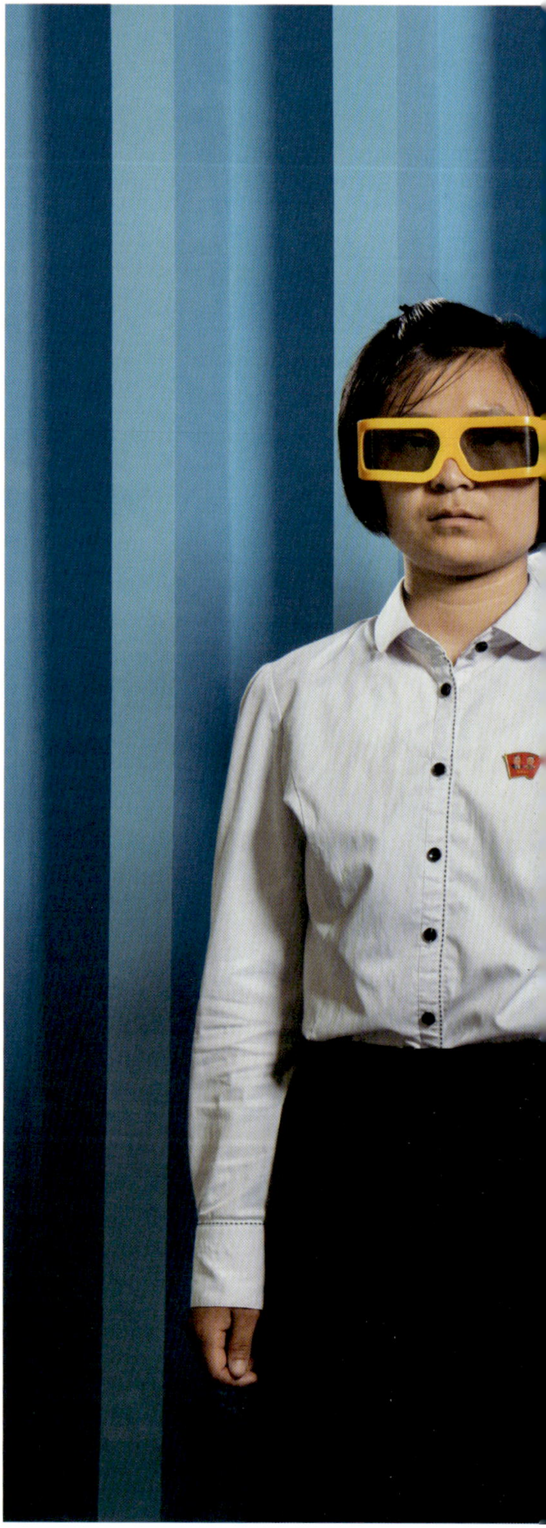

—

Des étudiantes dans le premier cinéma 3D. Pyongyang
Students at the first 3D cinema. Pyongyang

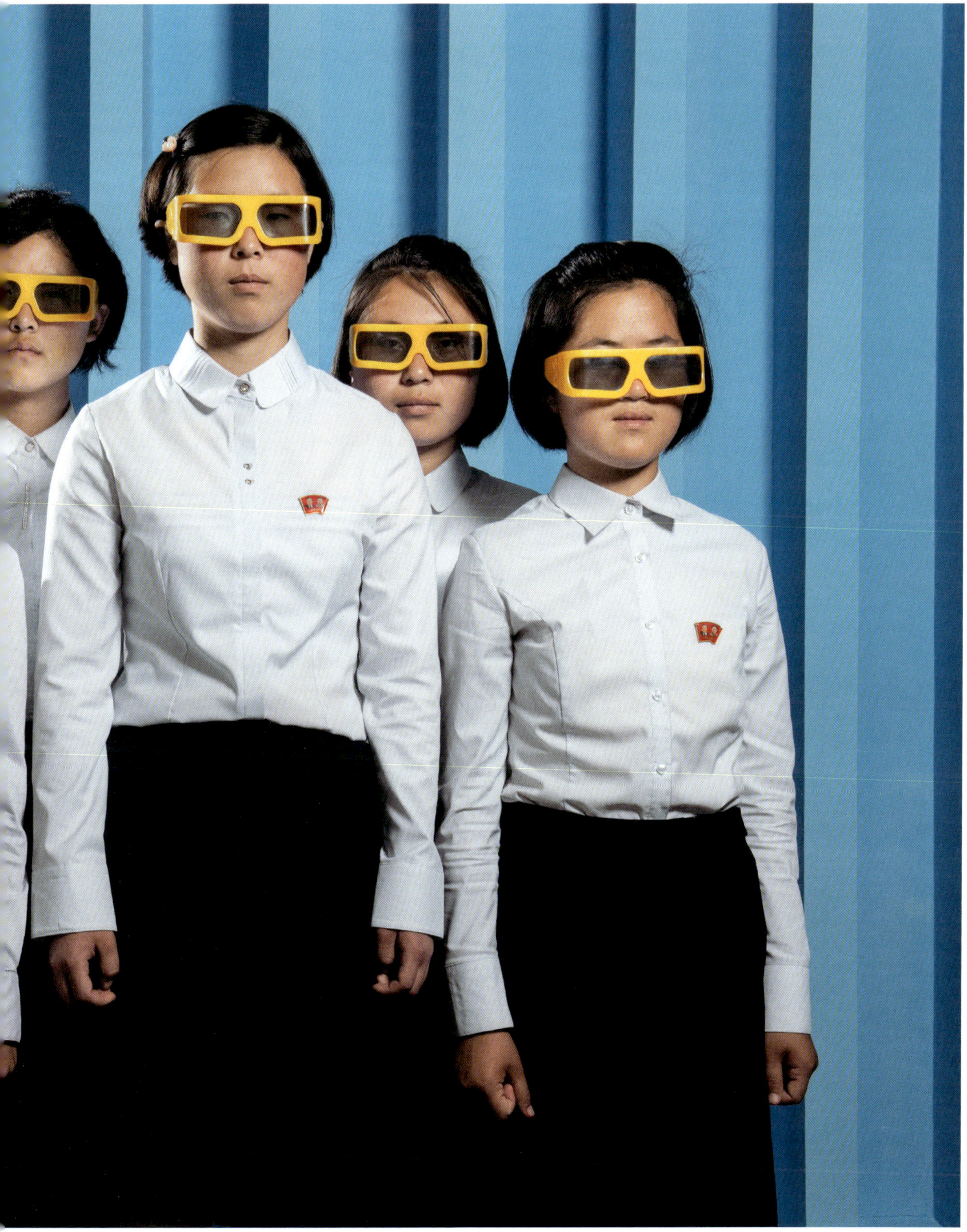

Le parc d'attractions Taesongsan. Taesong-guyok
The Taesongsan theme park. Taesong-guyok

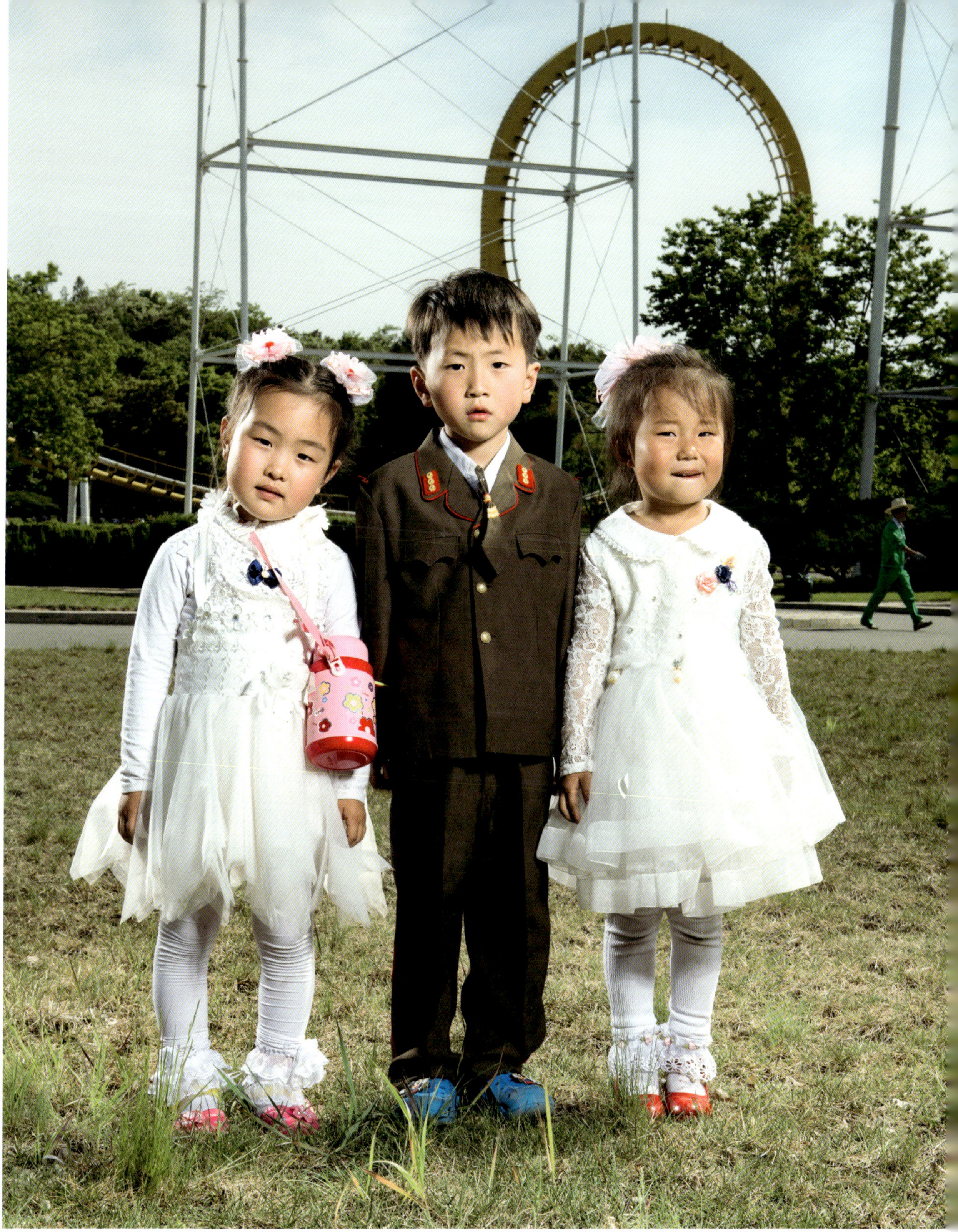

—

Consultation à l'hôpital ophtalmologique. Pyongyang

Consultation at the eye hospital. Pyongyang

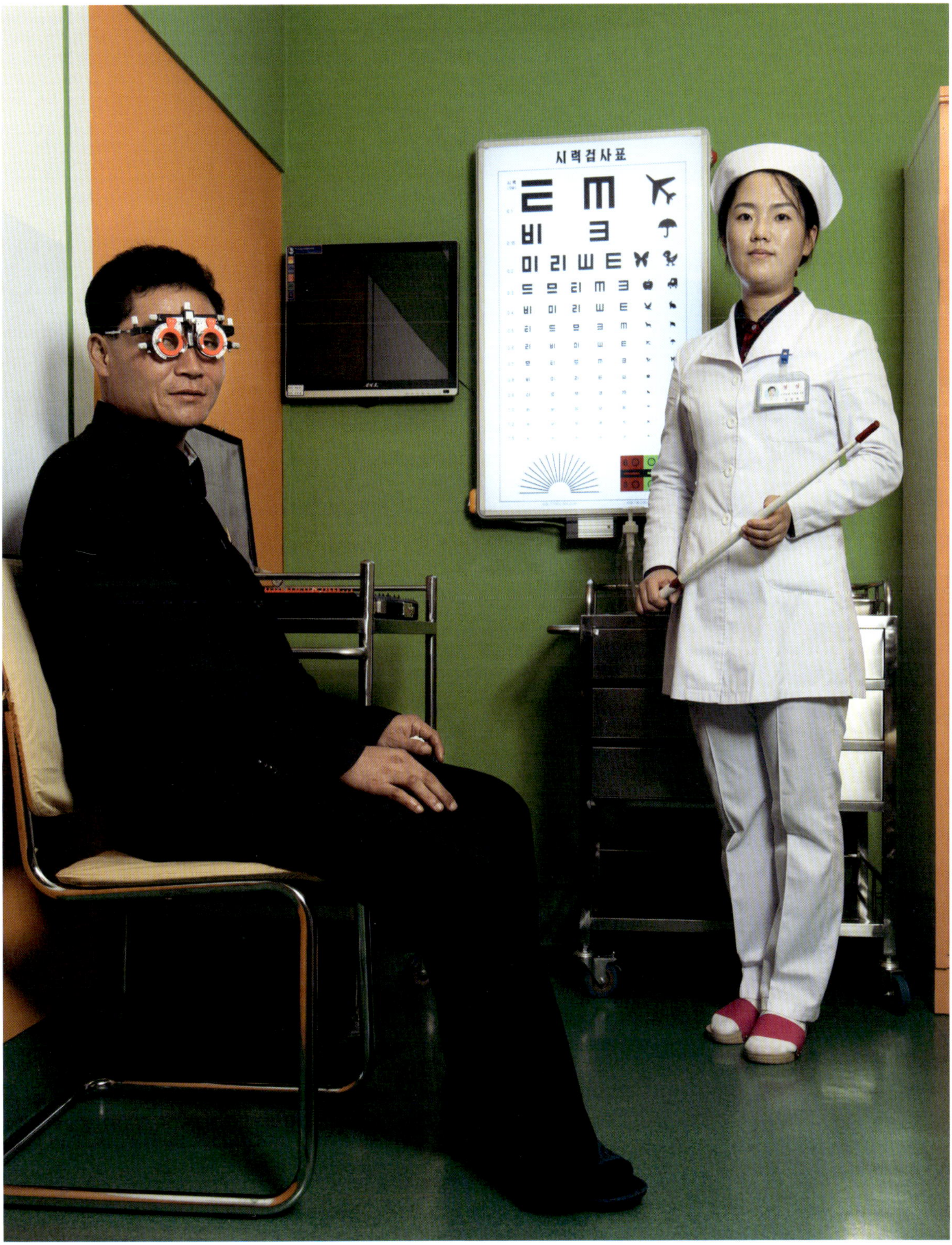
시력검사표

STÉPHAN
GLADIEU

CORÉE DU NORD

NORTH KOREA

39° 02 NORD

125° 45 EST

25 381 085 HABITANTS

CONVERSATION ENTRE
SAM STOURDZÉ ET
STÉPHAN GLADIEU

ACTES SUD

Des étudiants au bowling. Pyongyang
Students at the bowling alley. Pyongyang

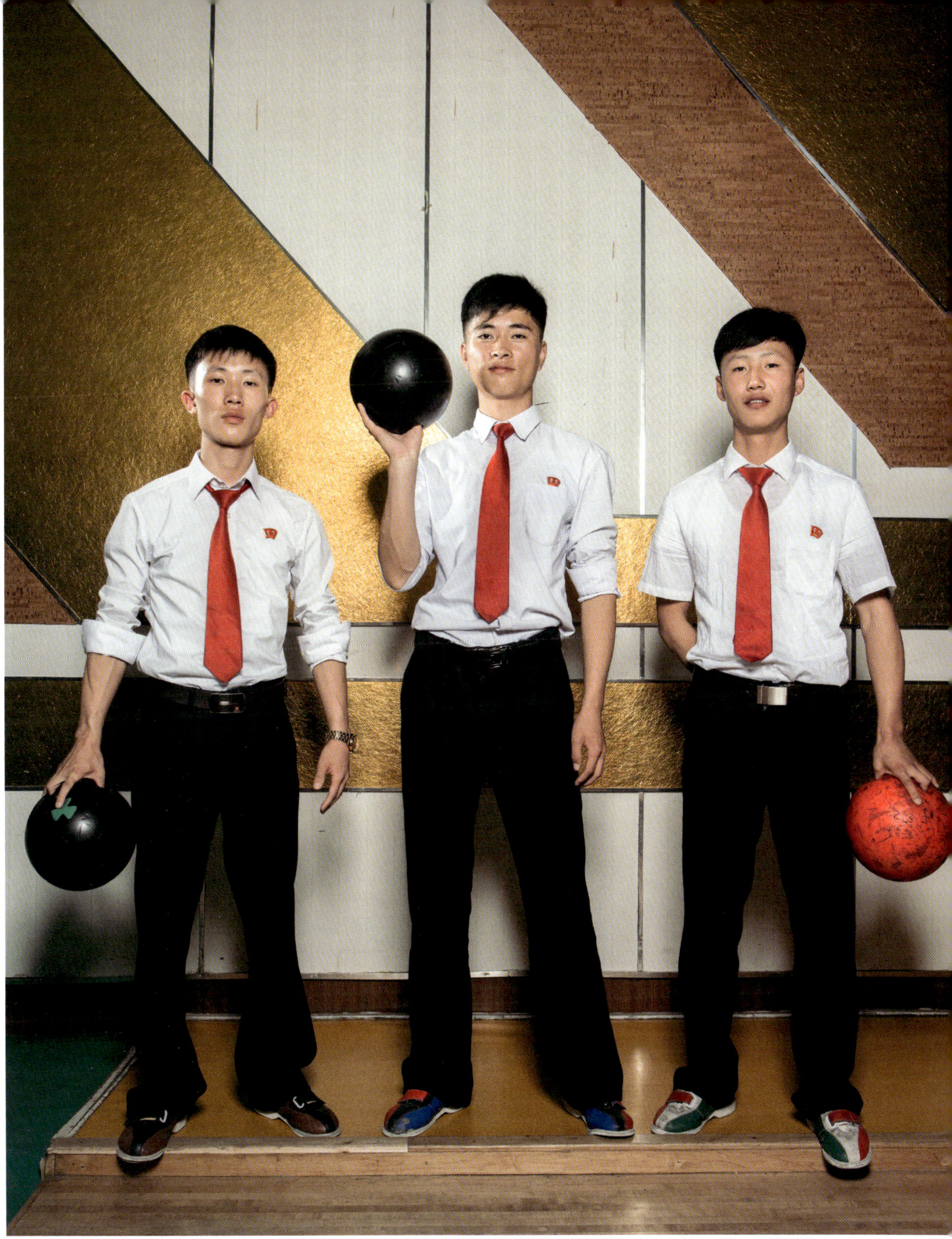

Des pionnières au centre de vacances. Wonsan
Pioneers at the holiday centre. Wonsan

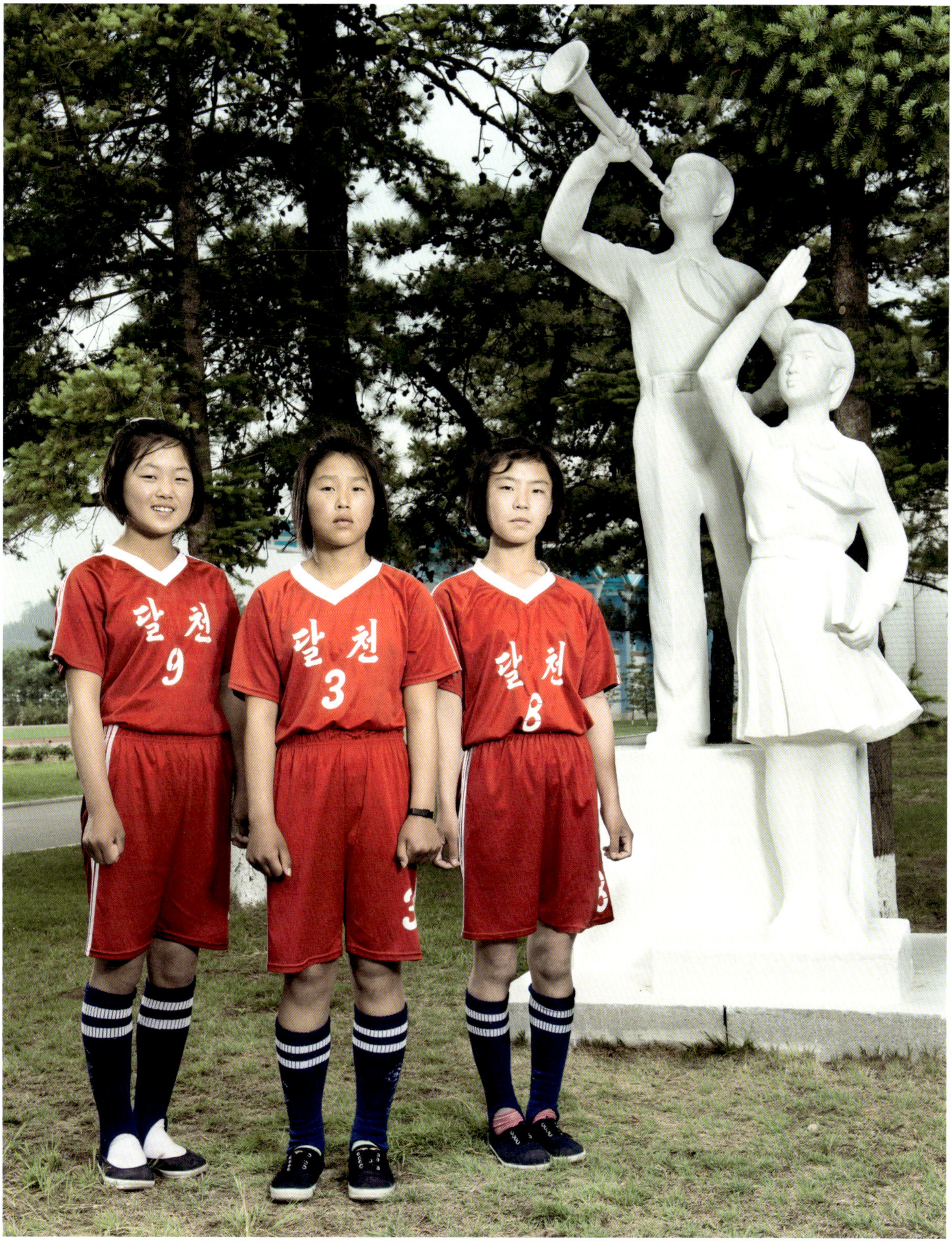
달 천
9
달 천
3
달 천
8

—
Entraînement d'haltérophilie. Pyongyang
Weight training. Pyongyang

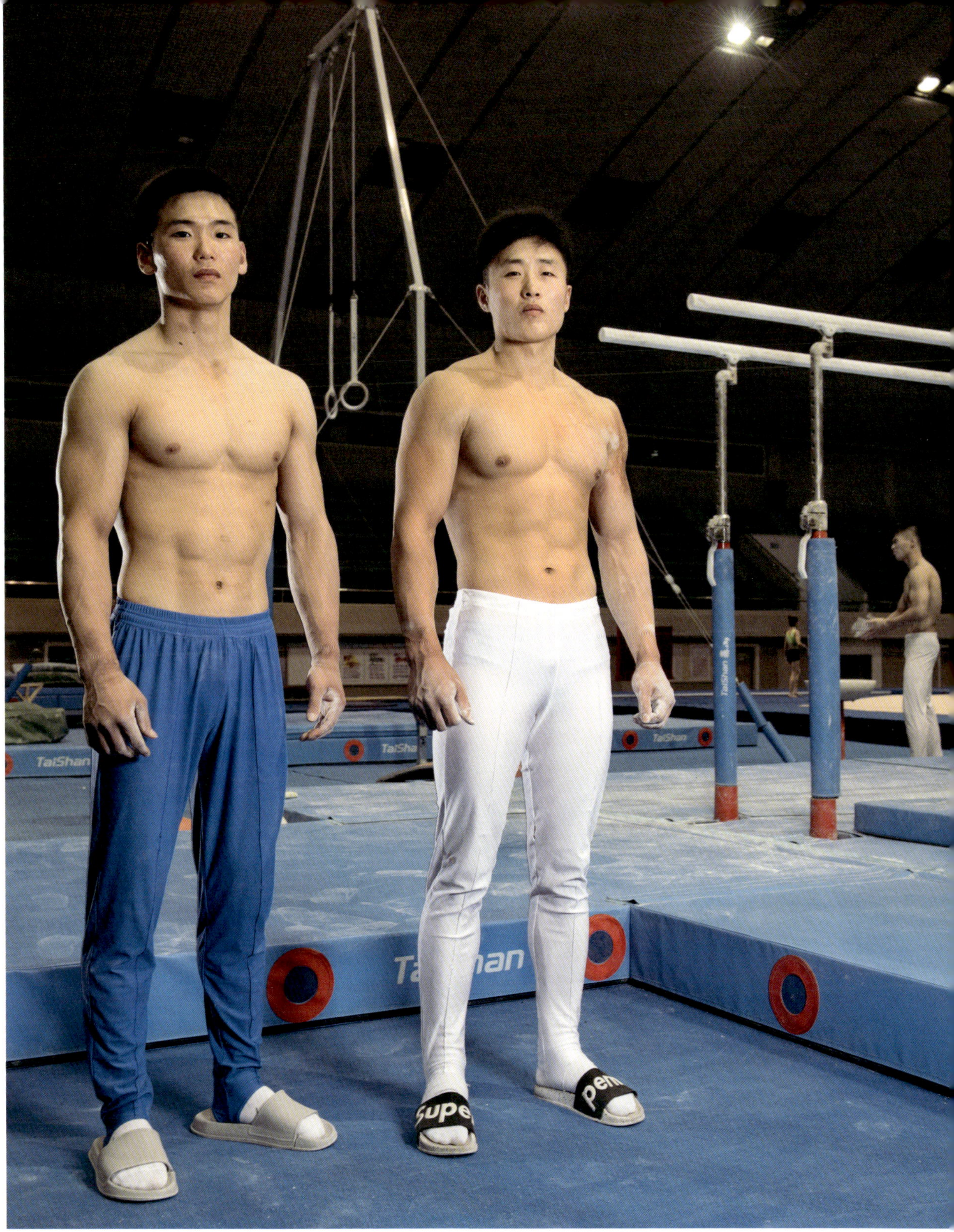
TaiShan

Un ouvrier place Kim Il-sung. Pyongyang
A worker on Kim Il-sung Square. Pyongyang

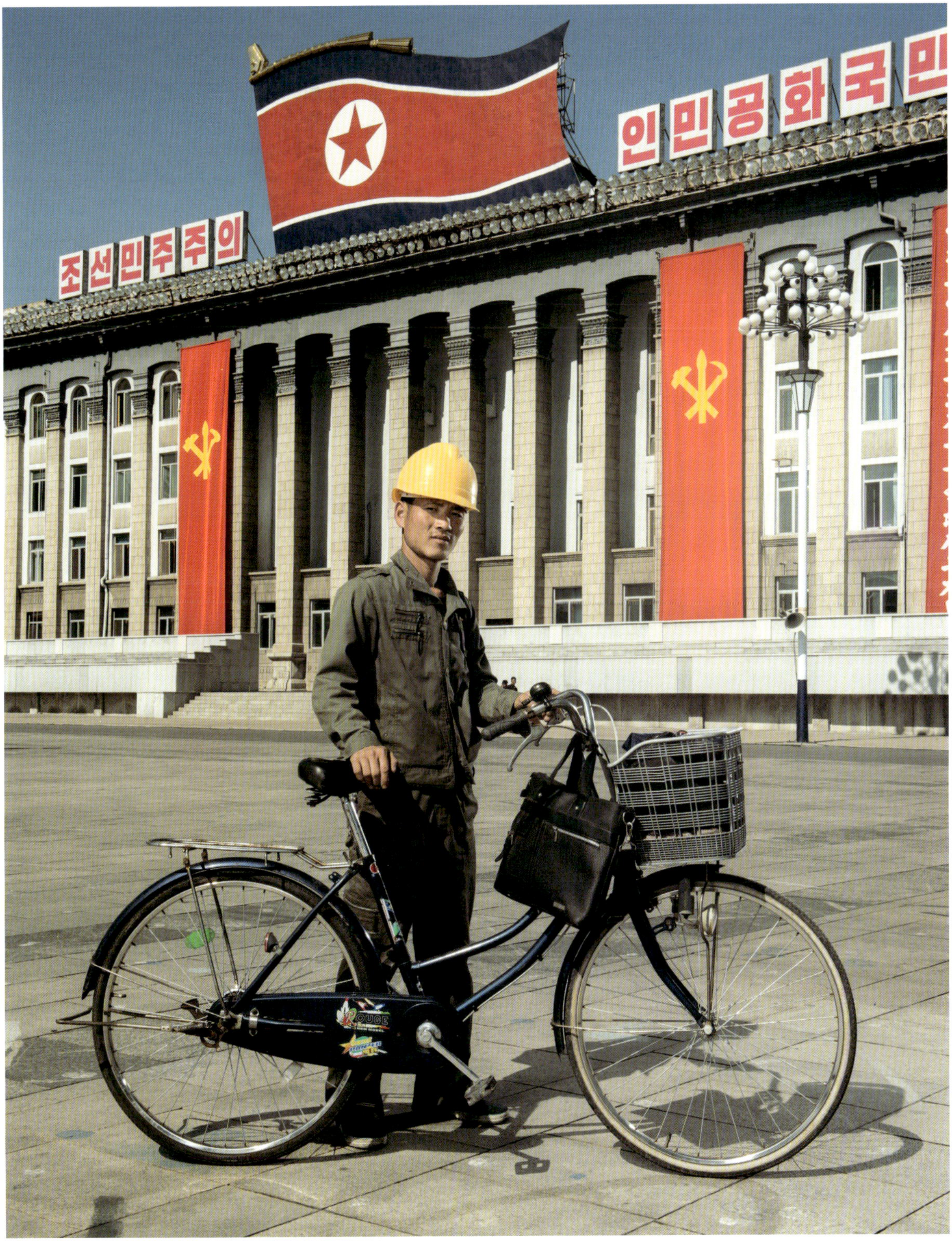
조선민주주의
인민공화국

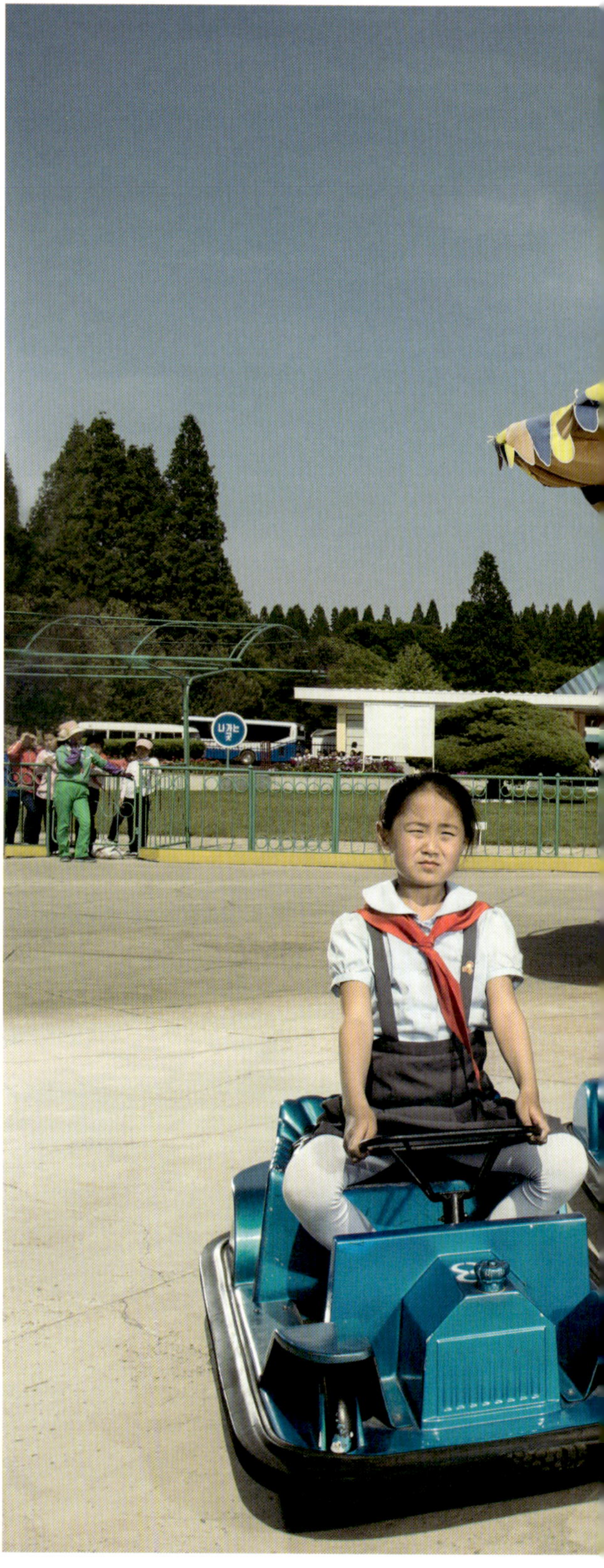

—

Des écoliers au parc d'attractions Taesongsan.
Taesong-guyok
Schoolchildren at Taesongsan theme park.
Taesong-guyok

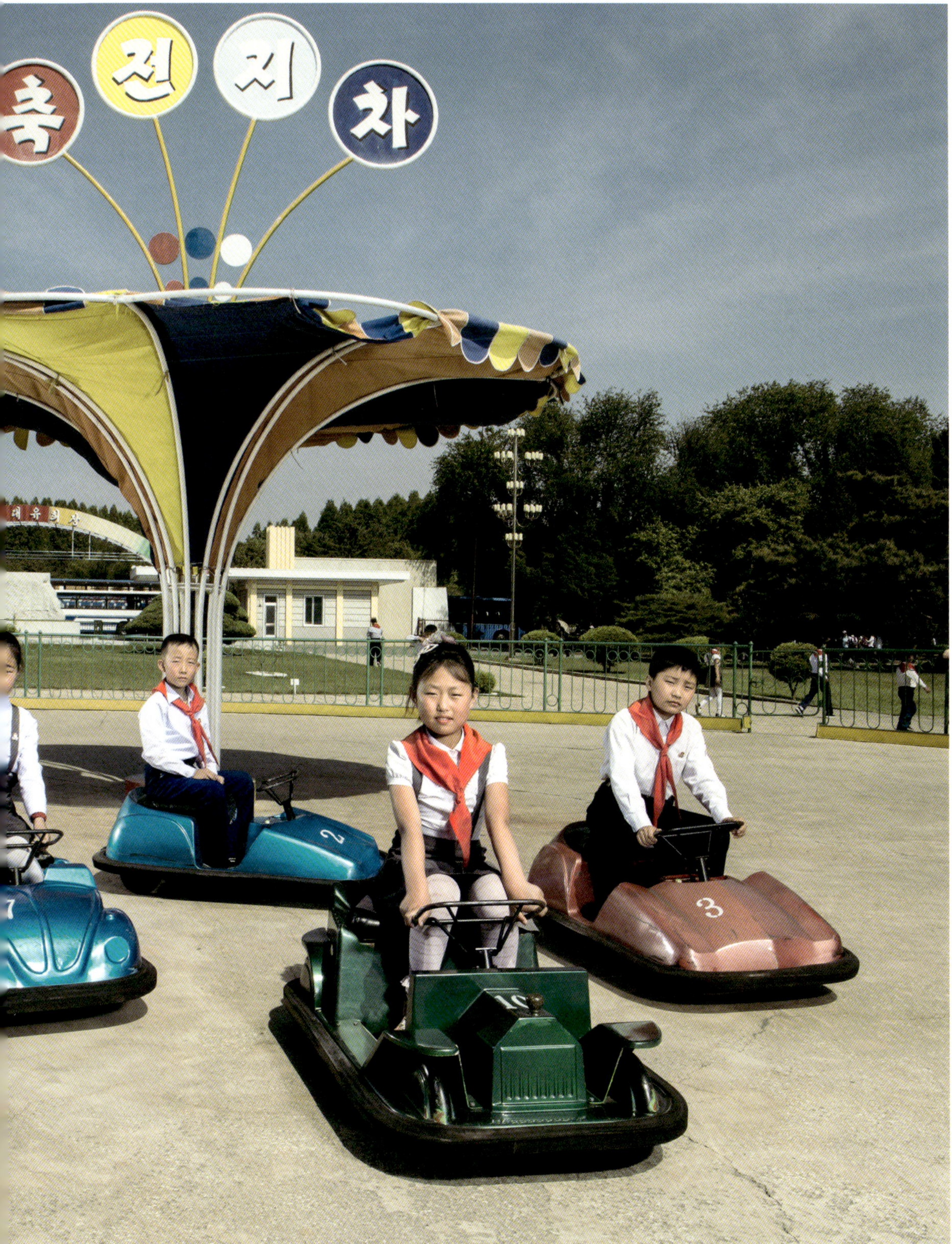
축전지차

—
Un couple marié près de l'ancienne patinoire. Pyongyang
A married couple near the old skating rink. Pyongyang

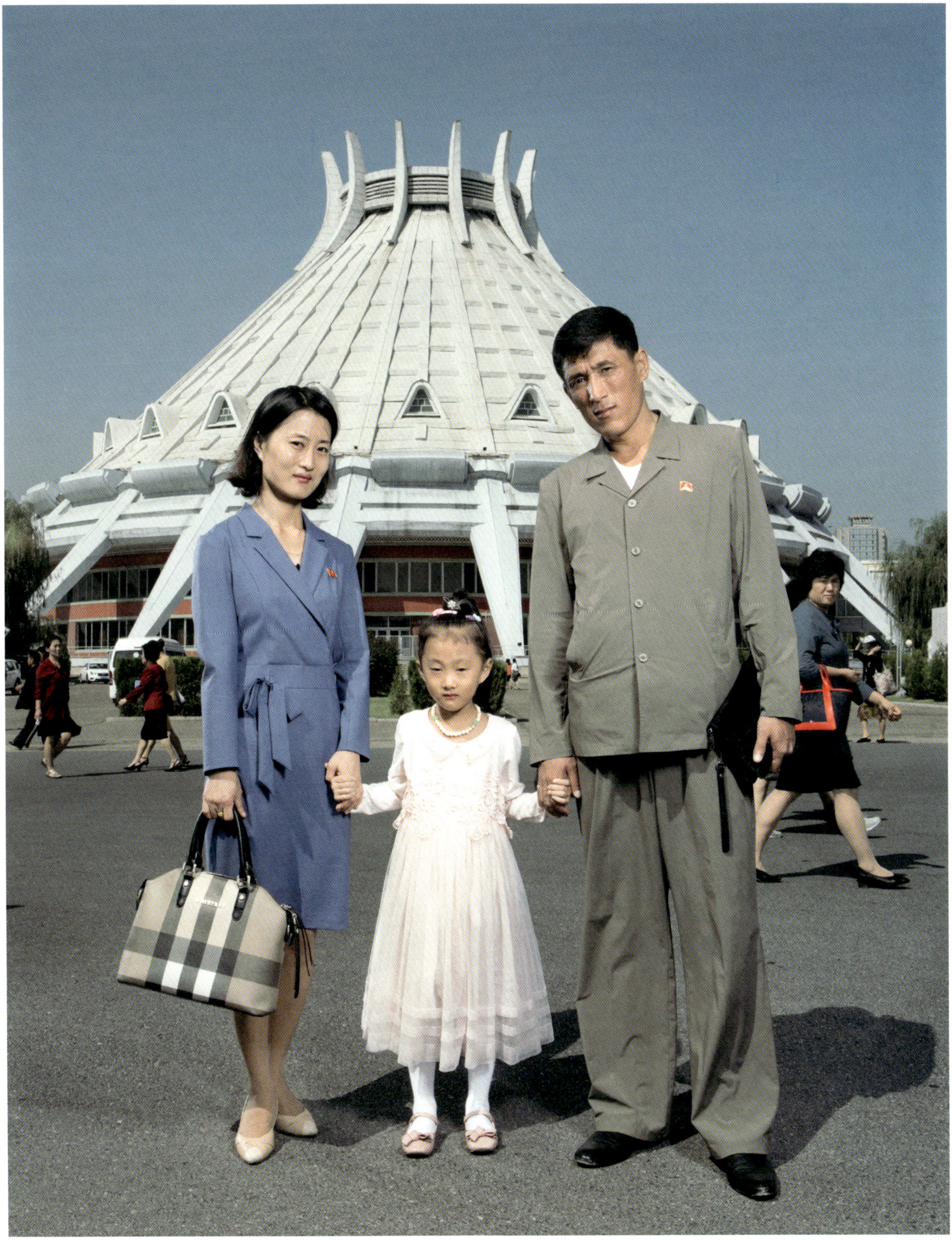

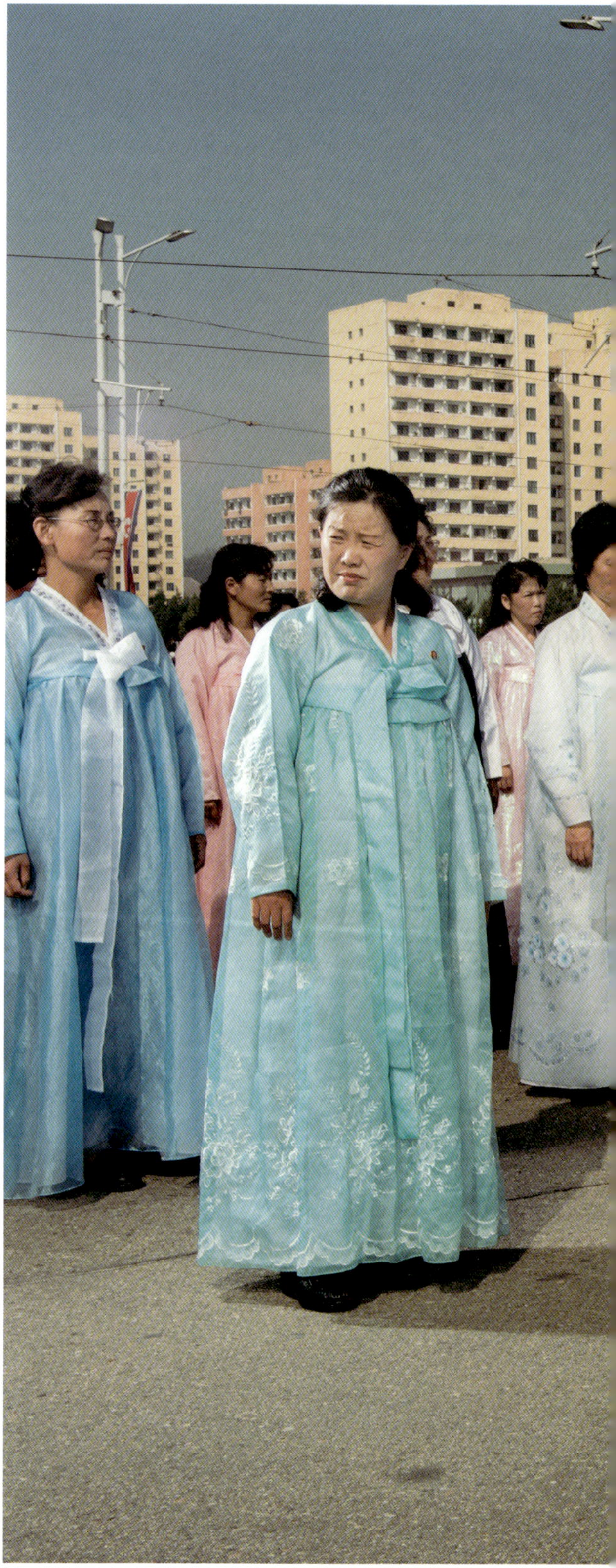

Répétition de danse collective. Pyongyang
Mass dance rehearsal. Pyongyang

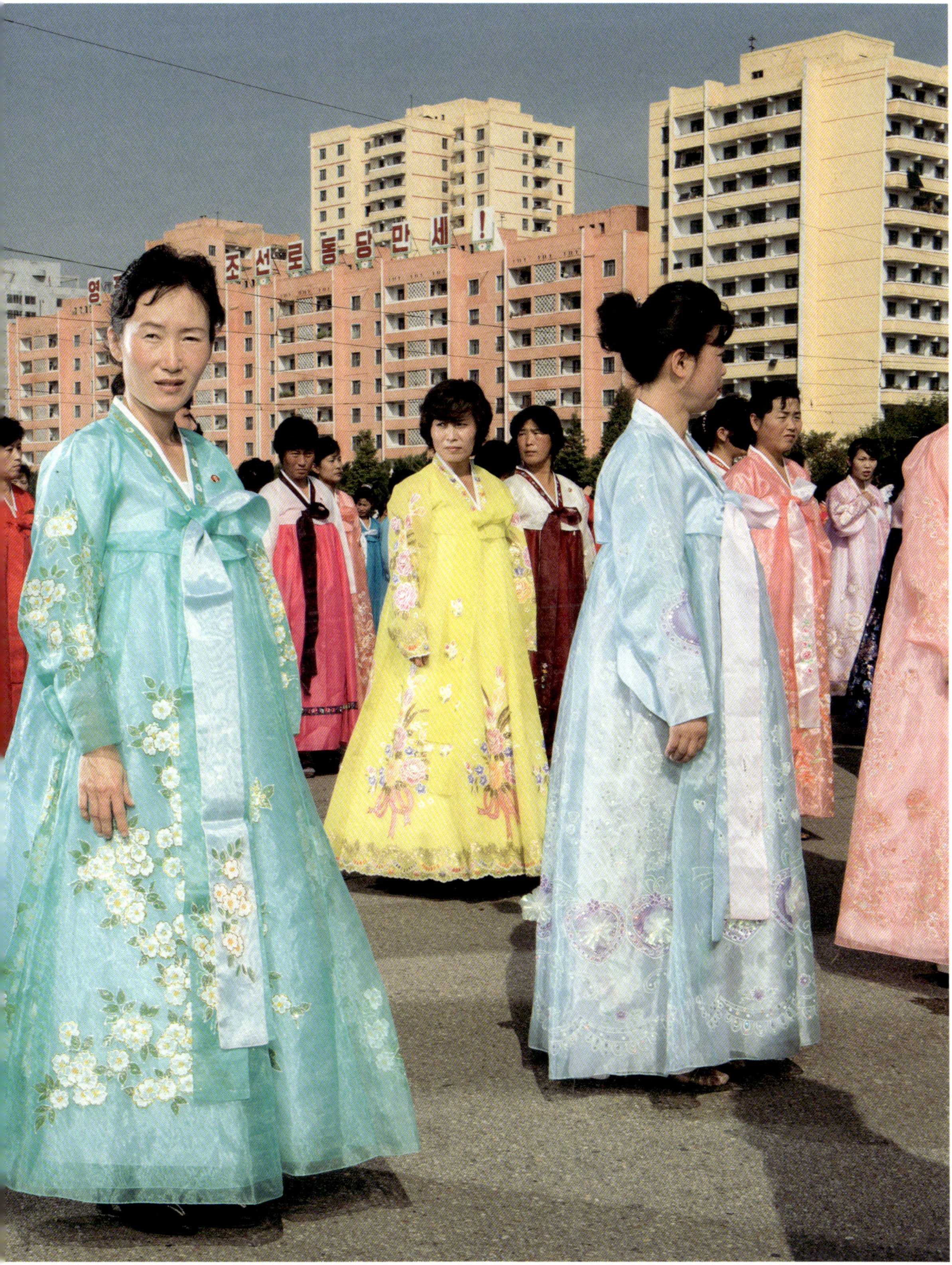
조선로동당만세!

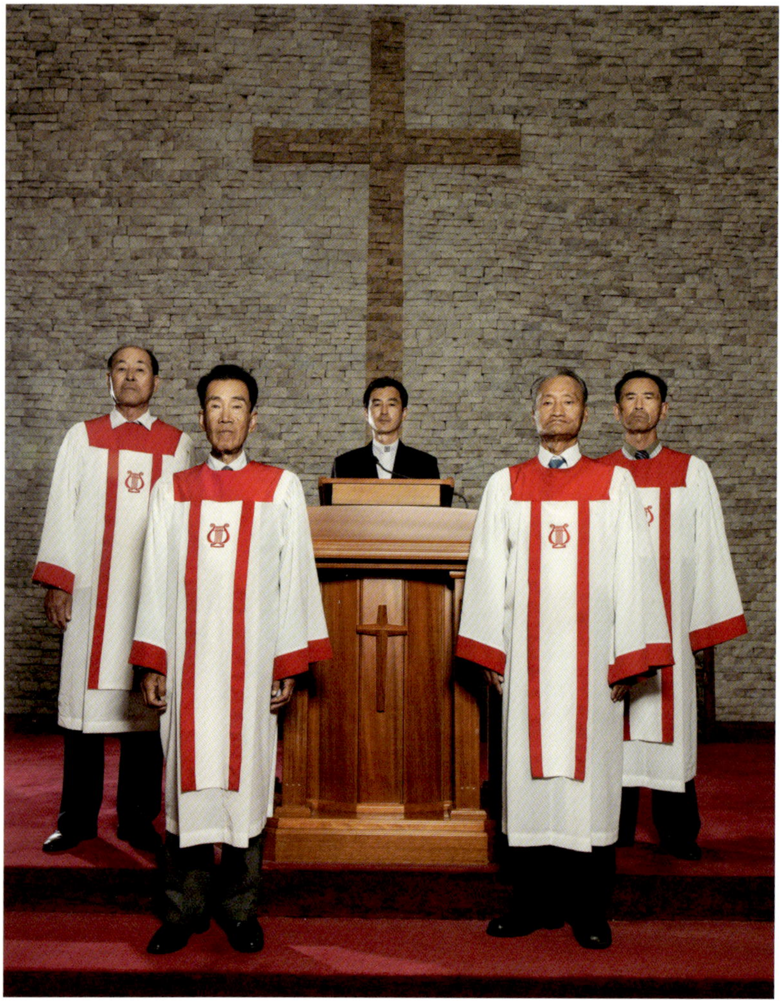

—

Des choristes du temple protestant. Pyongyang
Consultation médicale à l'usine de textile Zhengsu. Pyongyang
The choir of the Protestant temple. Pyongyang
Medical consultation at Zhengsu textile factory. Pyongyang

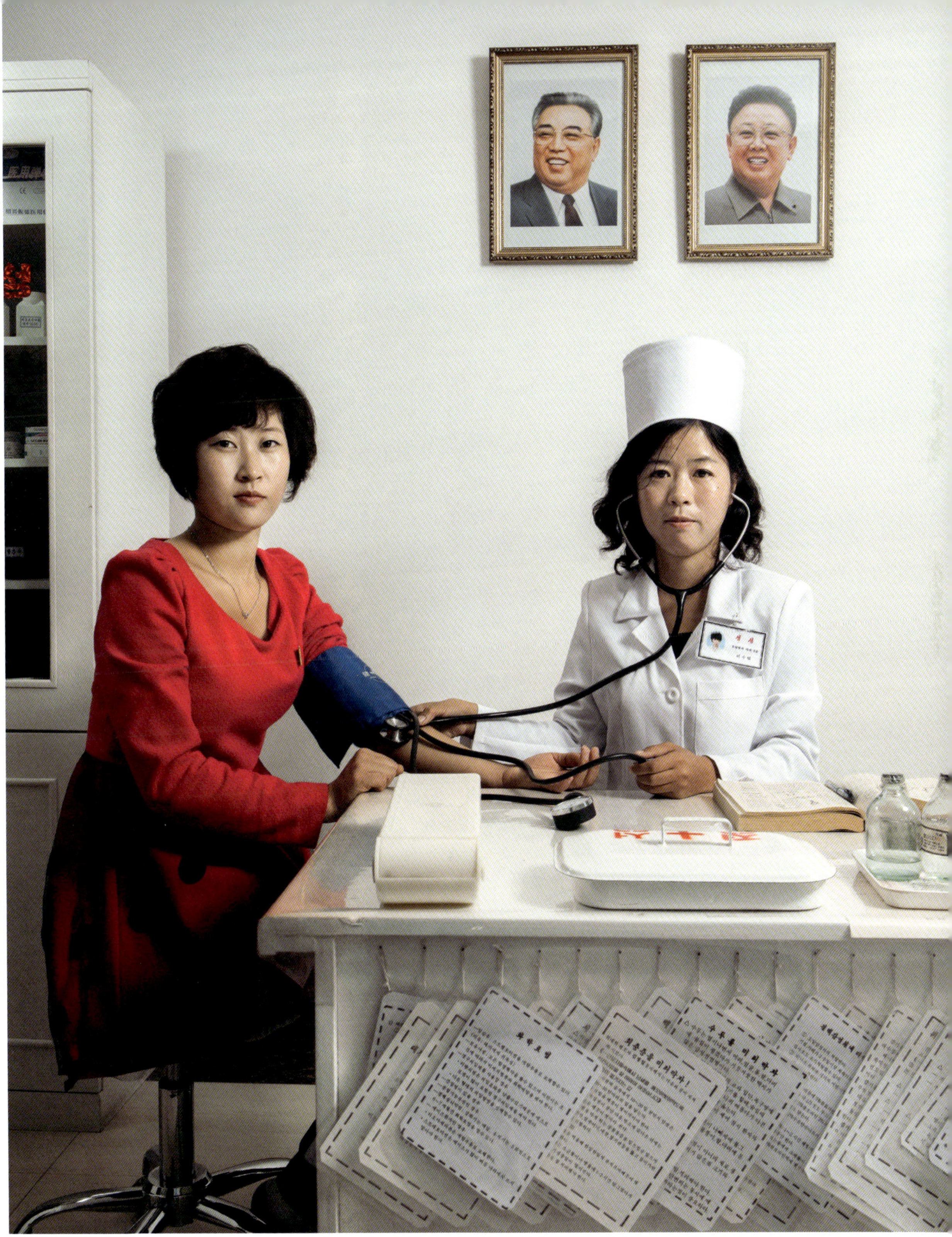

—

Des serveuses derrière un buffet de mariage. Pyongyang
Waitresses standing behind a wedding buffet. Pyongyang

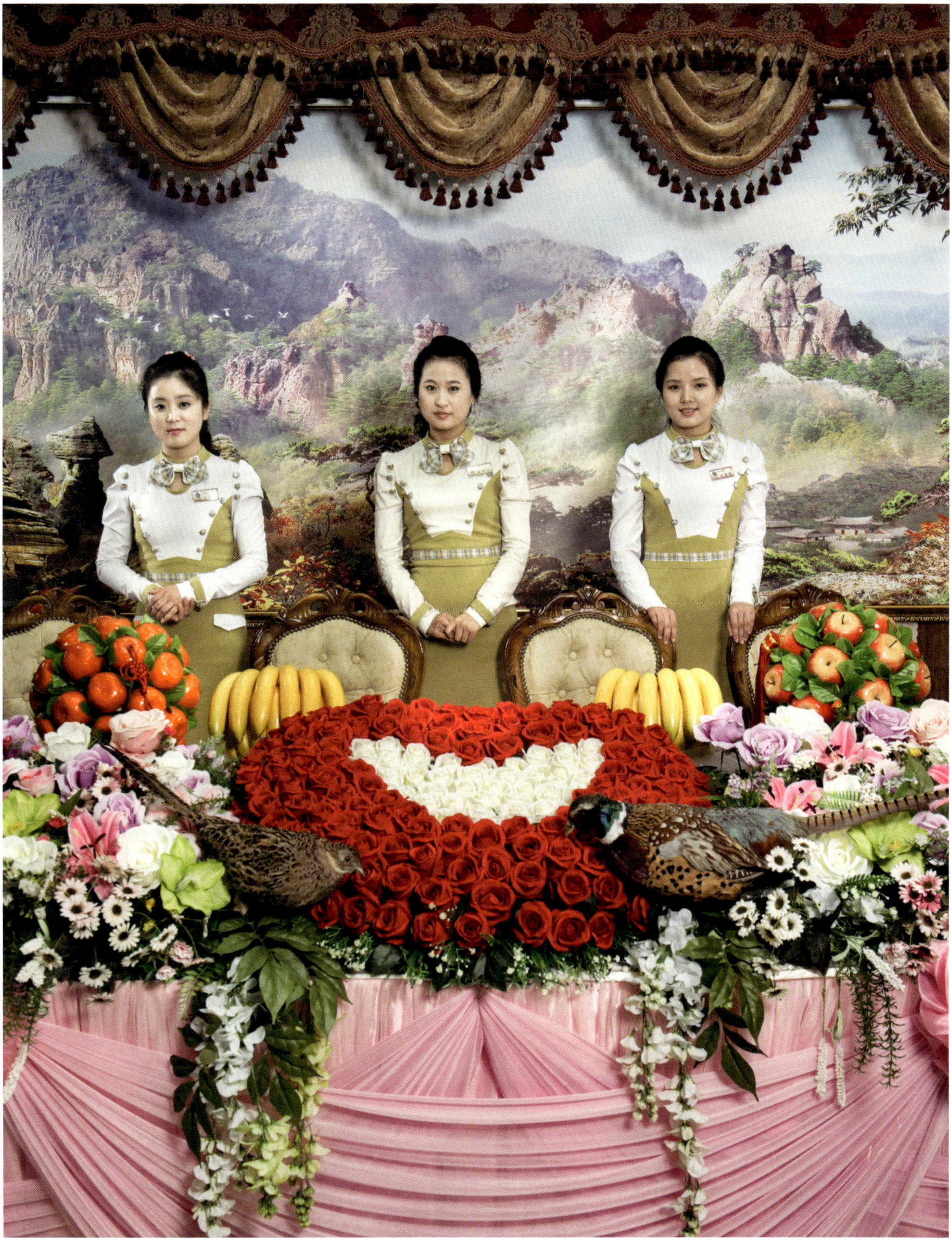

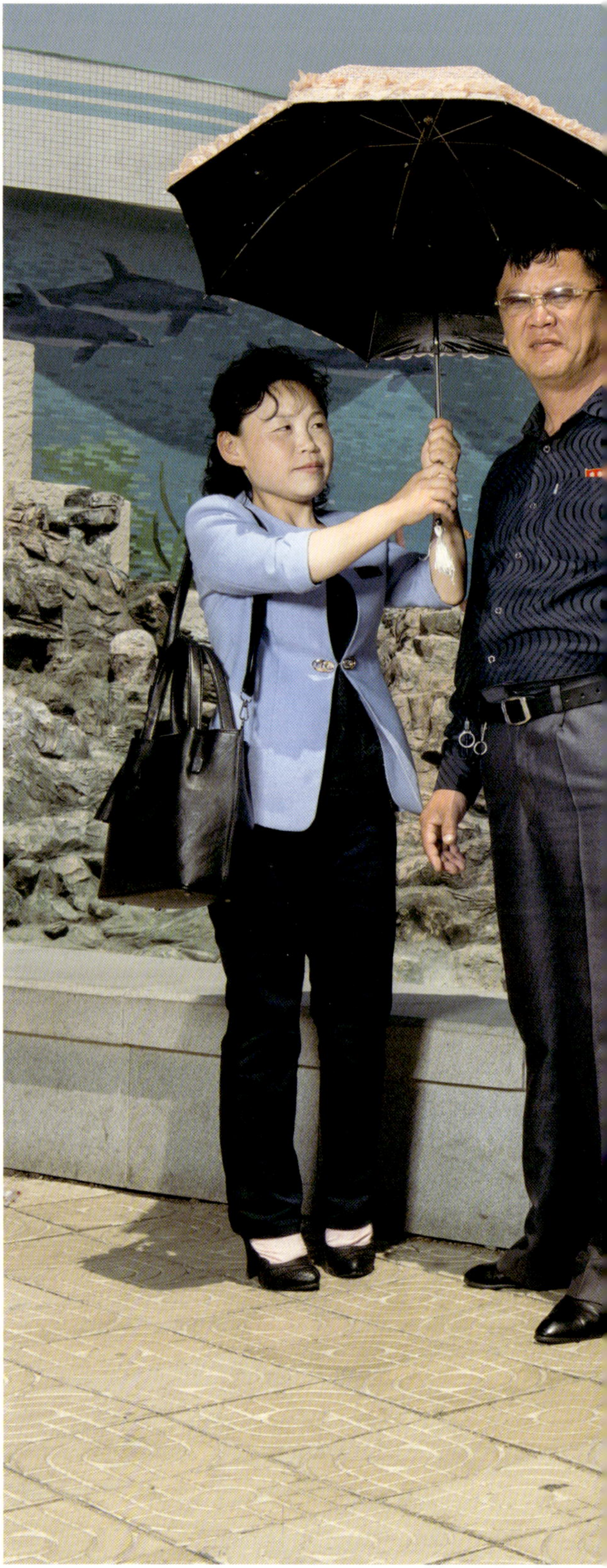

Un couple marié et deux jeunes filles au Zoo central. Pyongyang
A married couple and two young women at the Central Zoo. Pyongyang

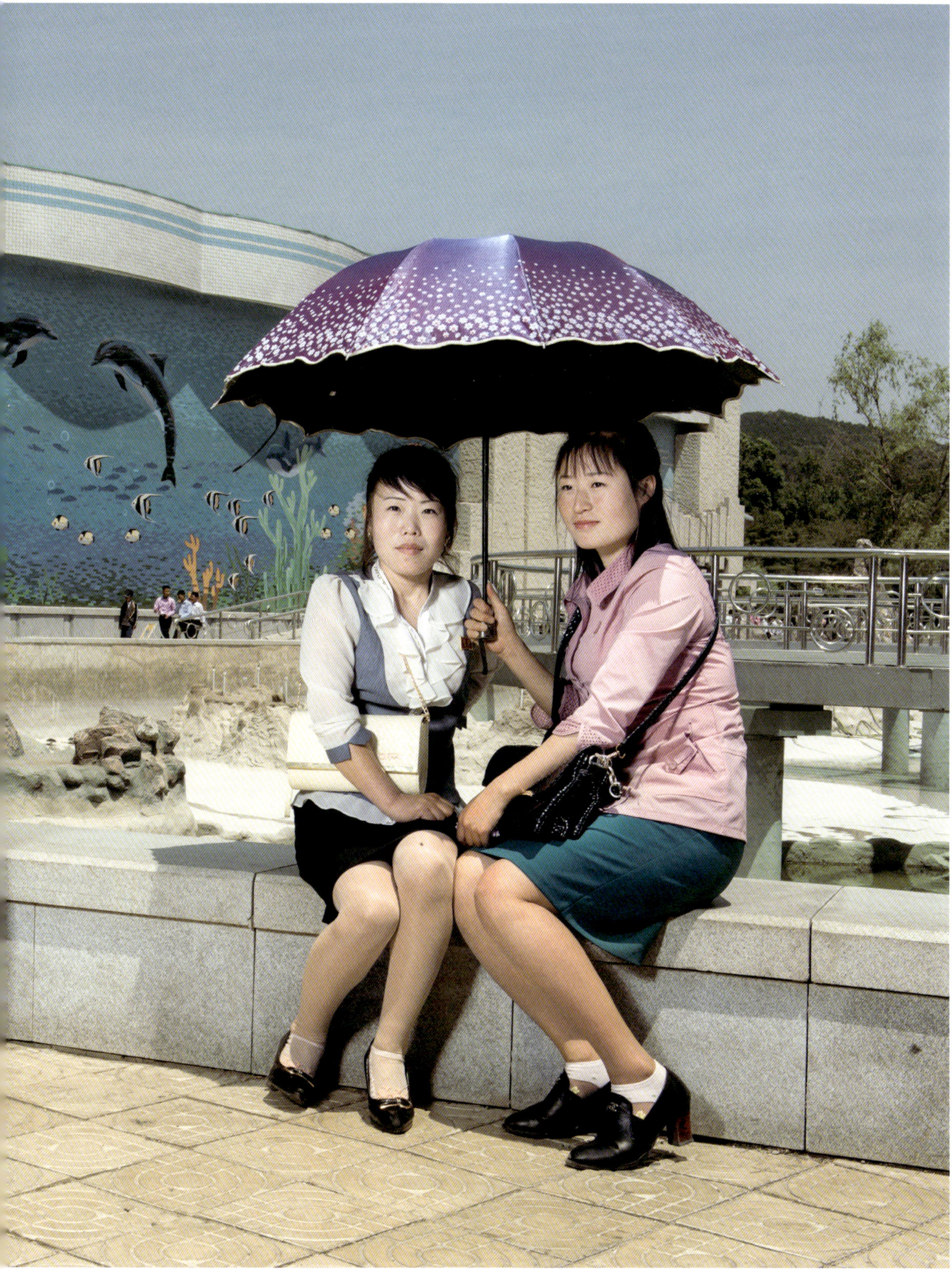

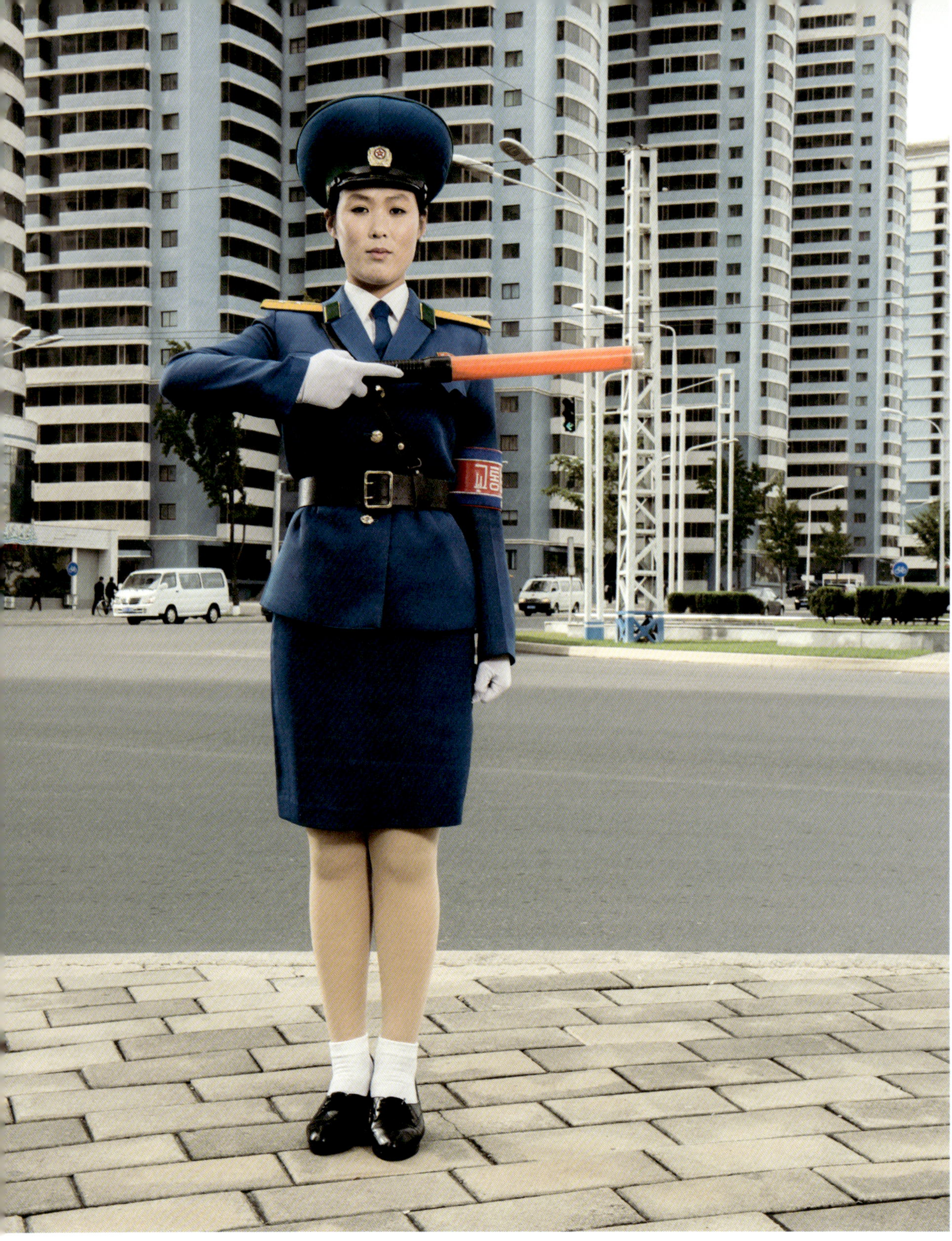
교통

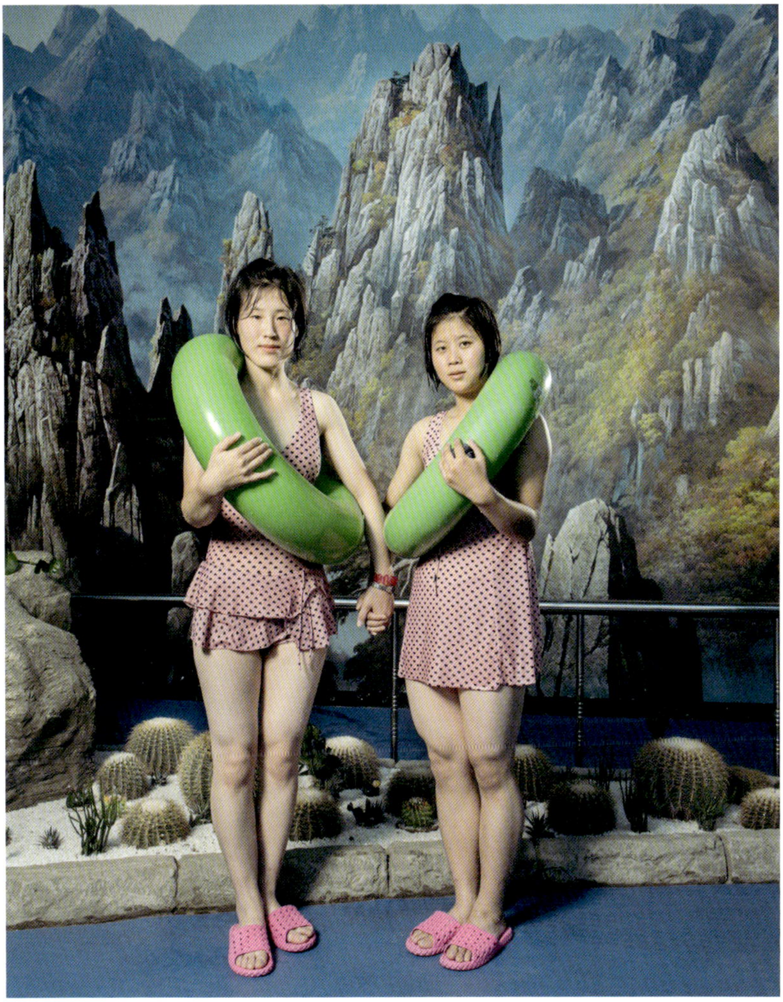

Agente de la circulation. Pyongyang
Ouvrières à la piscine de l'usine agroalimentaire Mangyondae. Pyongyang
Traffic officer. Pyongyang
Worker at the swimming pool of the Mangyondae food factory.
Pyongyang

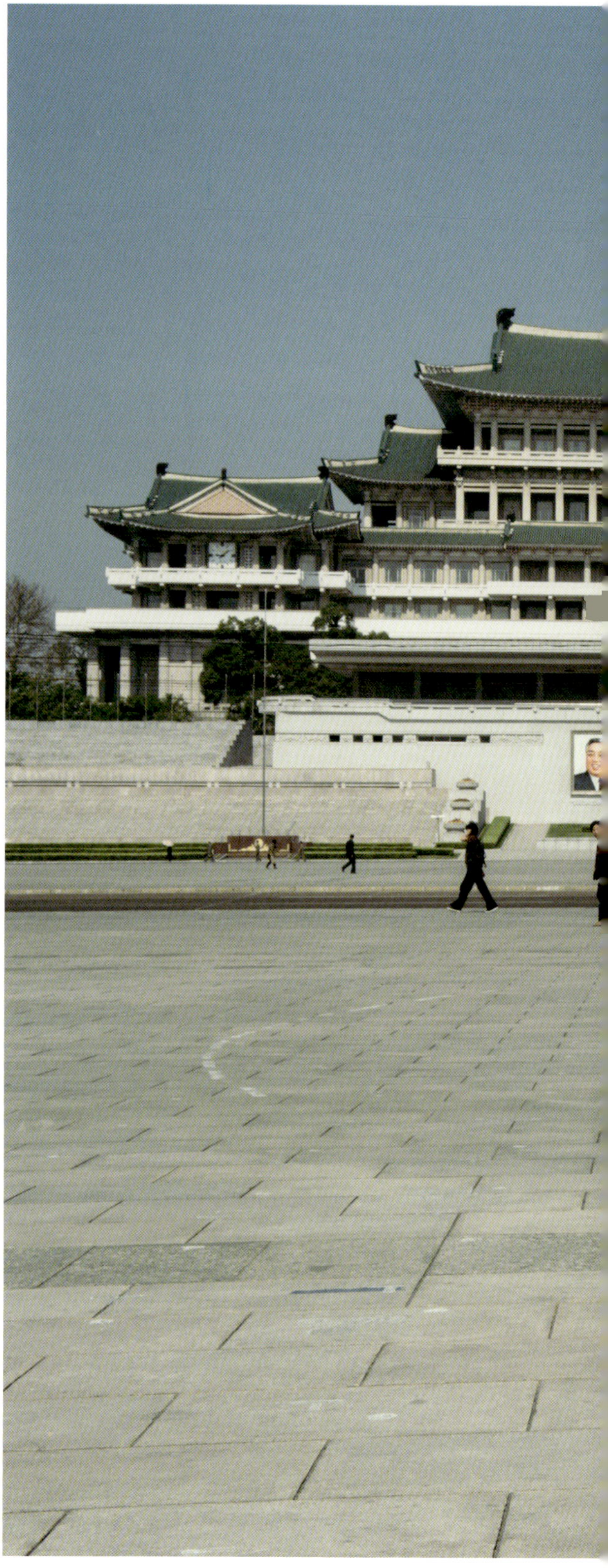

Un jeune couple place Kim Il-sung. Pyongyang
A young couple on Kim Il-sung Square. Pyongyang

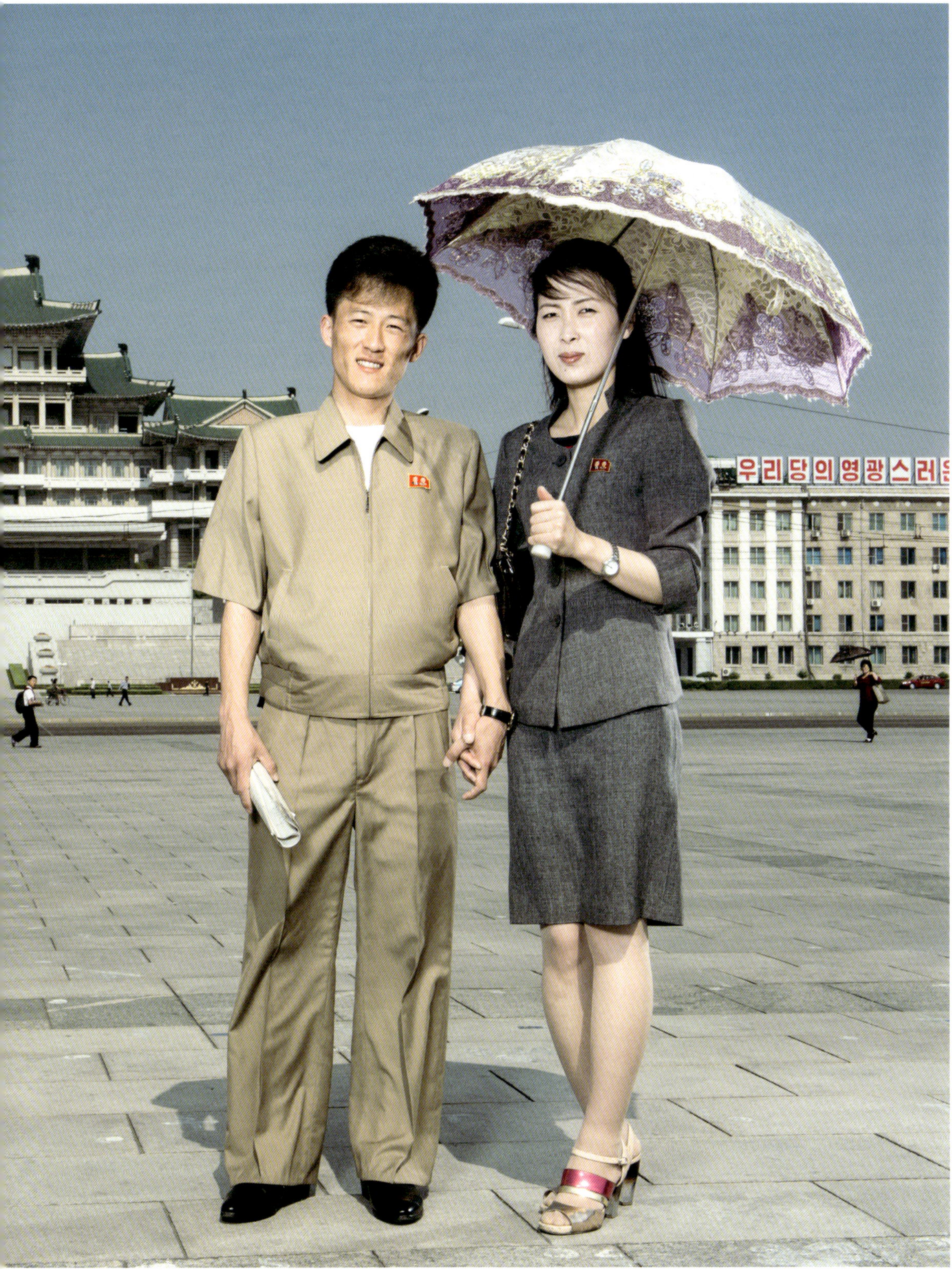
우리당의영광스러

Ferme collective. Sariwon
Collective farm. Sariwon

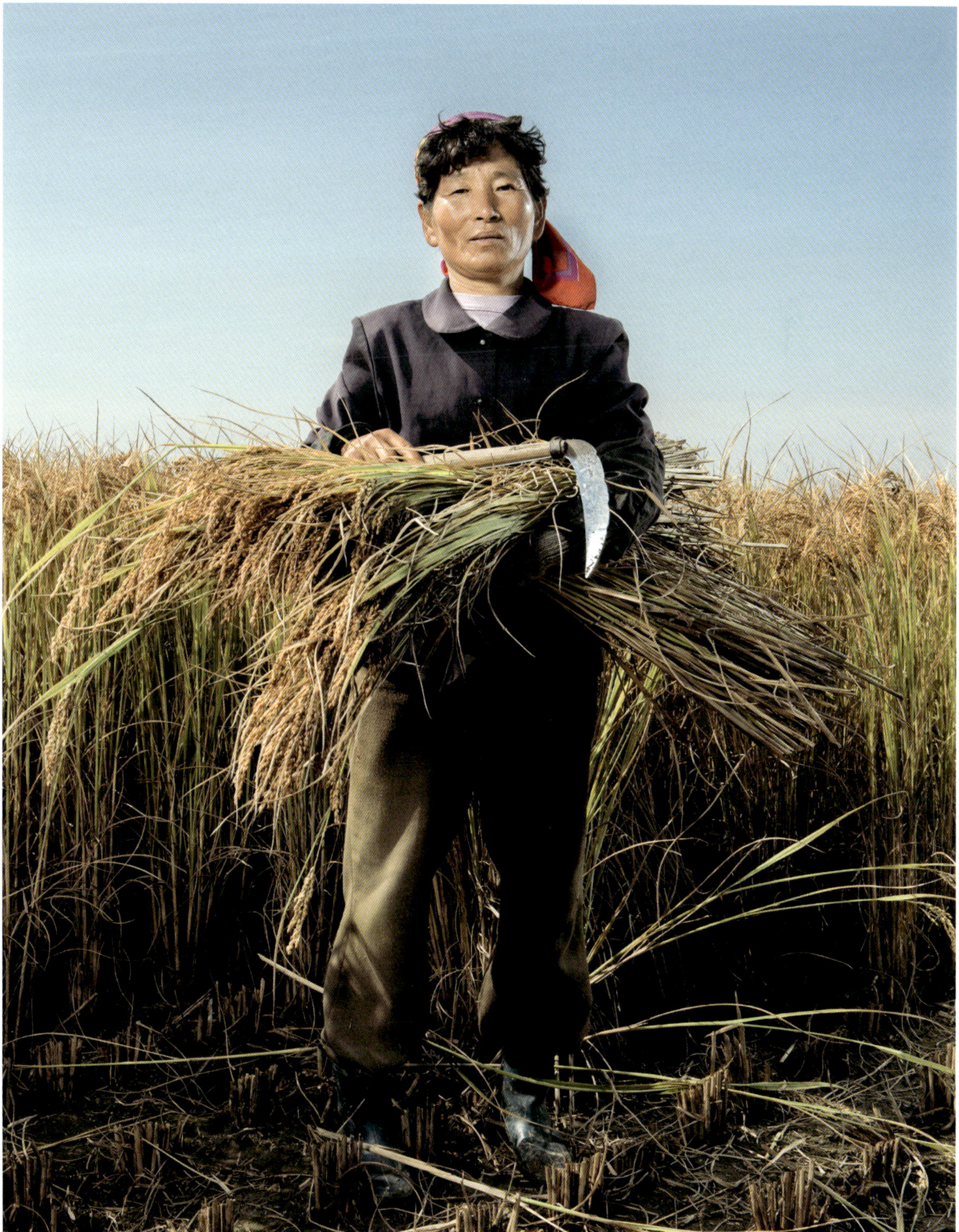

—

Entraînement au stand de tir. Pyongyang
Training at the shooting range. Pyongyang

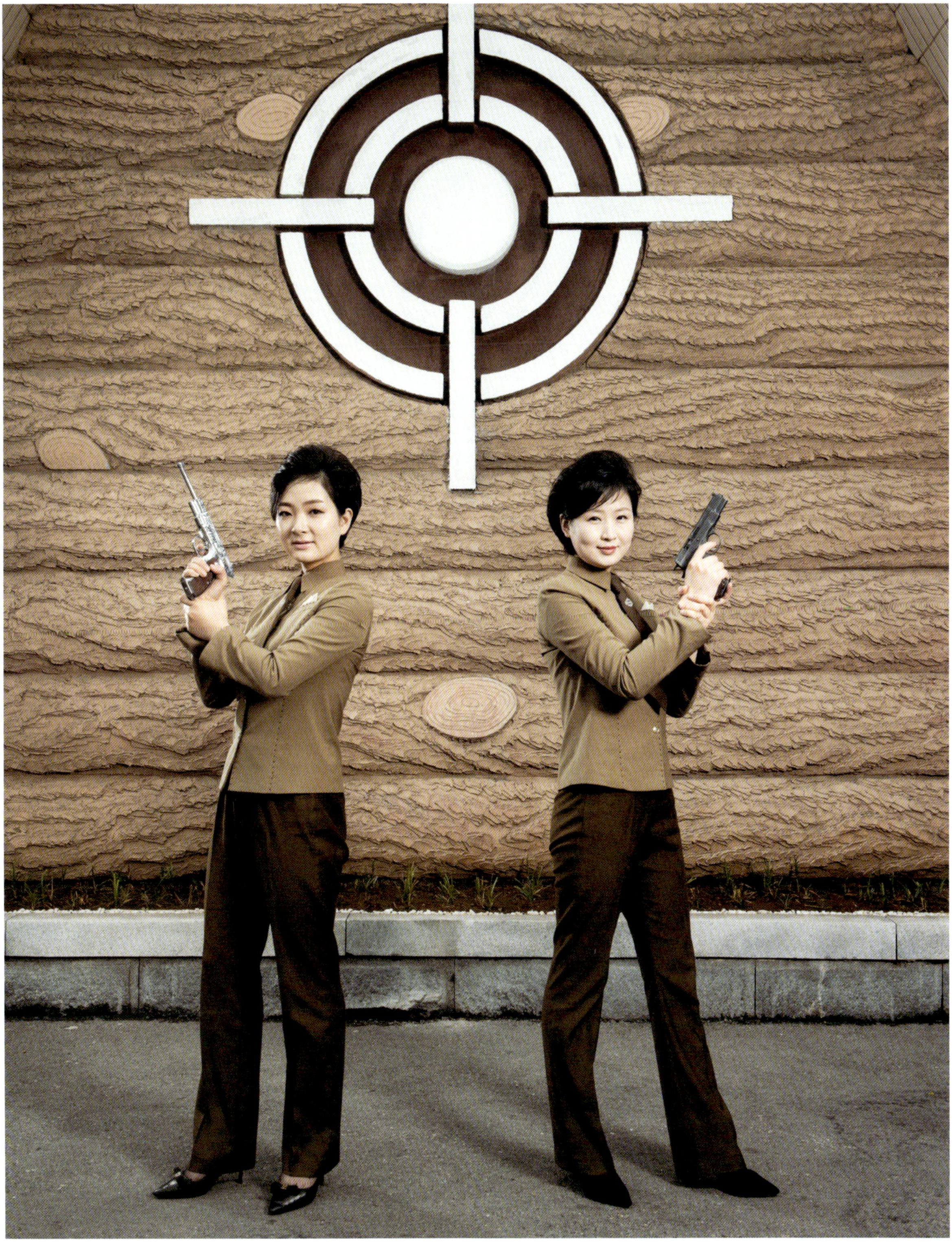

Gare routière. Pyongyang
Bus station. Pyongyang

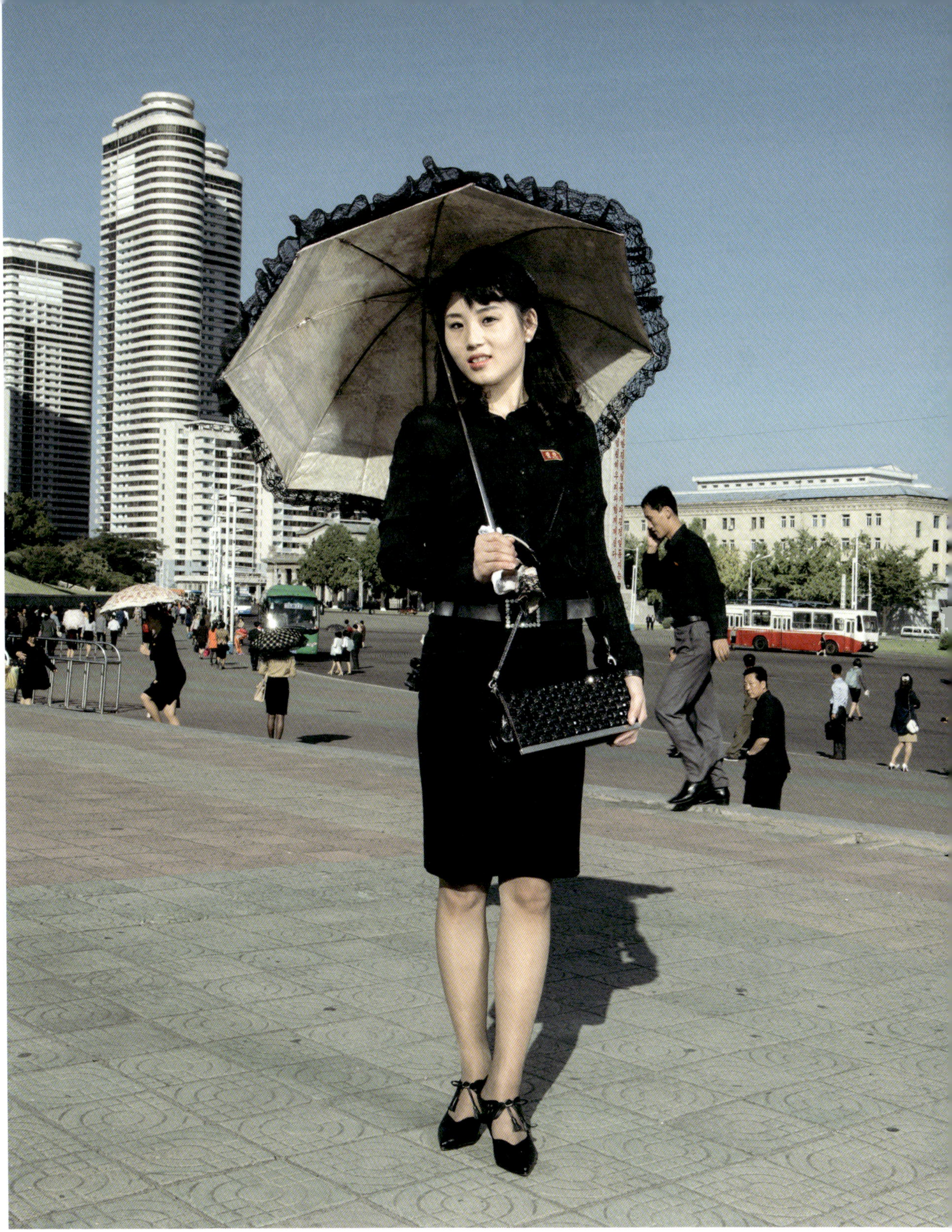

Hôtel Ryugyong. Pyongyang
Ryugyong Hotel. Pyongyang

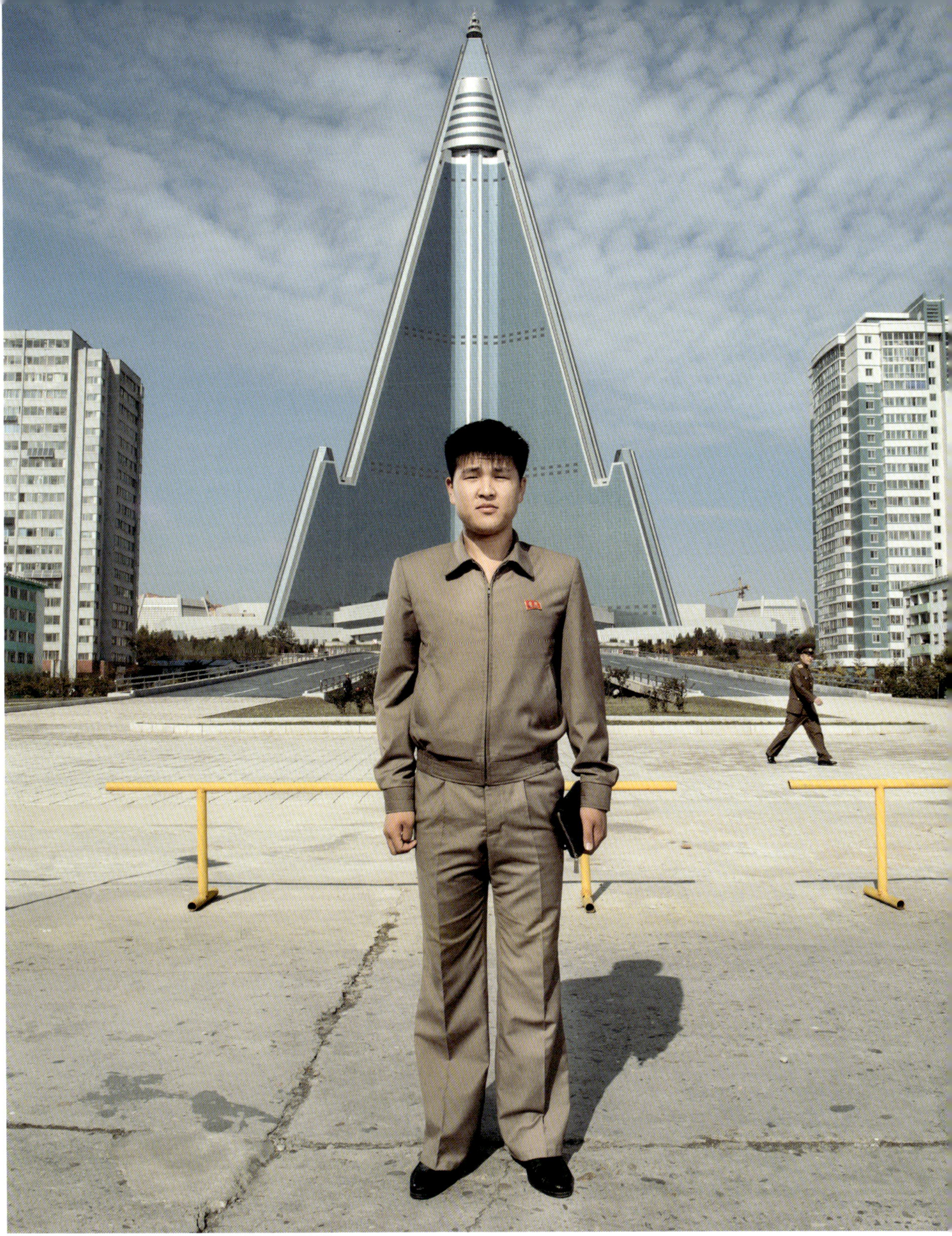

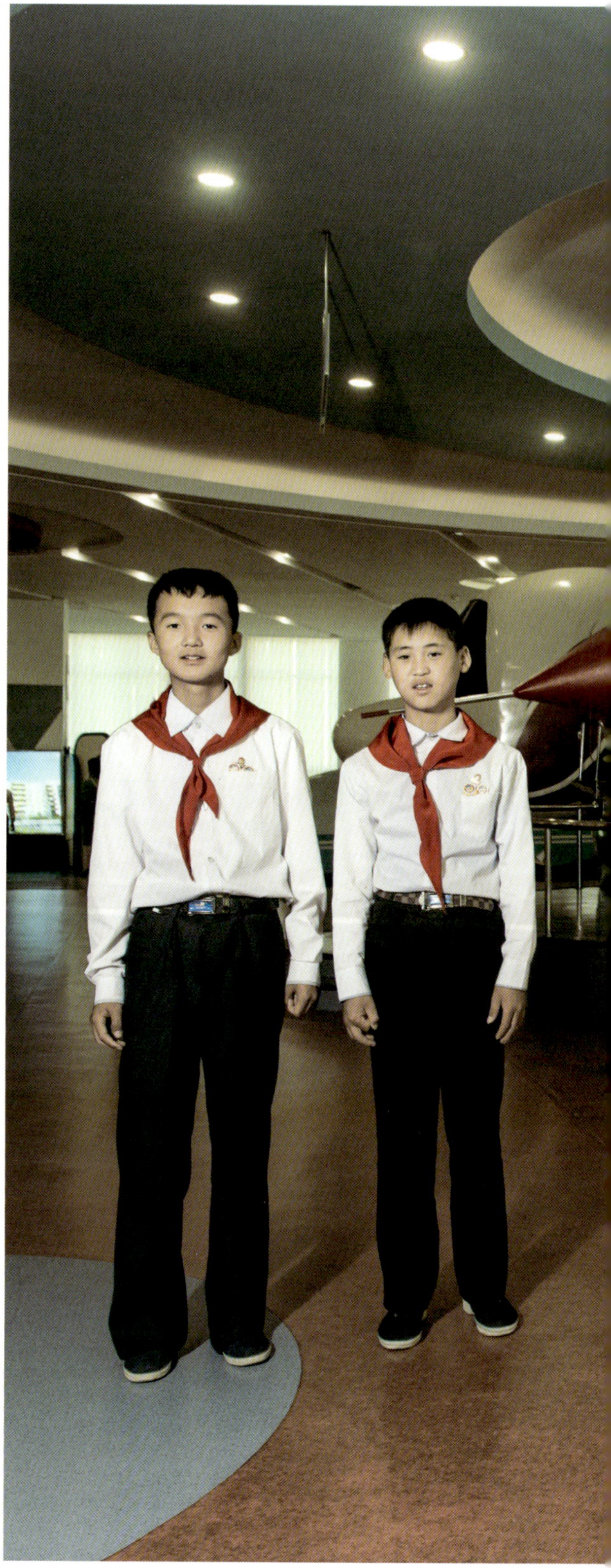

Salle de jeu du Pyongyang Sci-Tech Complex
The playroom at Pyongyang Sci-Tech Complex

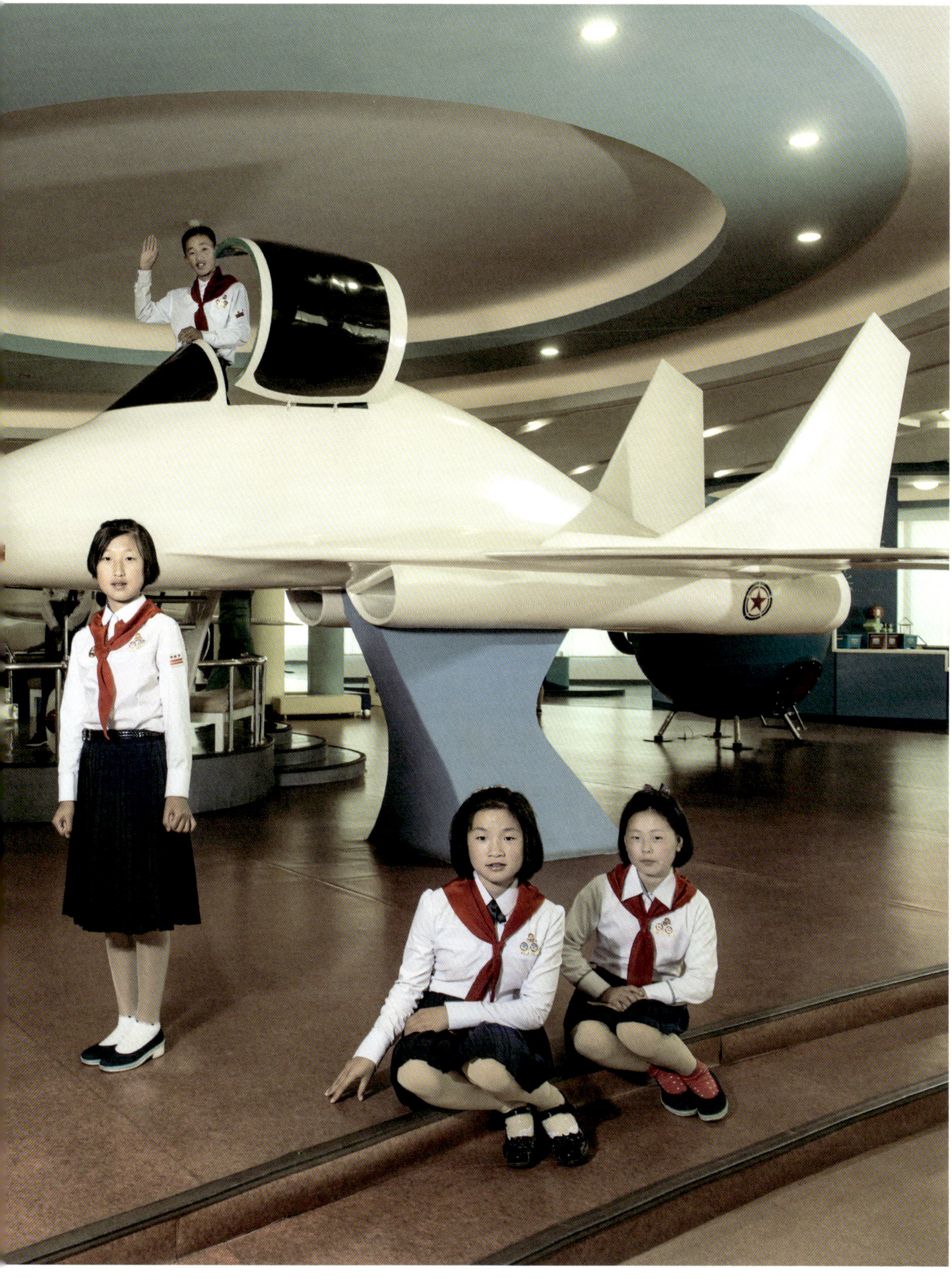

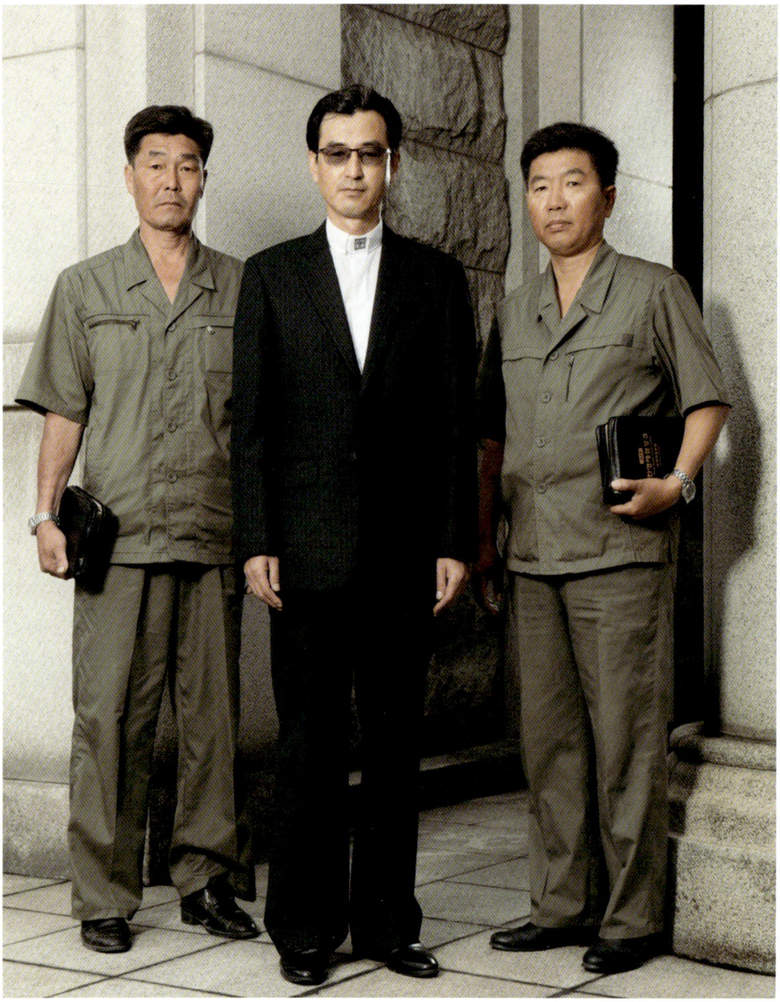

—

Le prêtre et deux prêcheurs du temple protestant. Pyongyang
Monument à la fondation du Parti des travailleurs. Pyongyang
The priest and two preachers at the Protestant temple. Pyongyang
Monument to the Foundation of the Worker's Party. Pyongyang

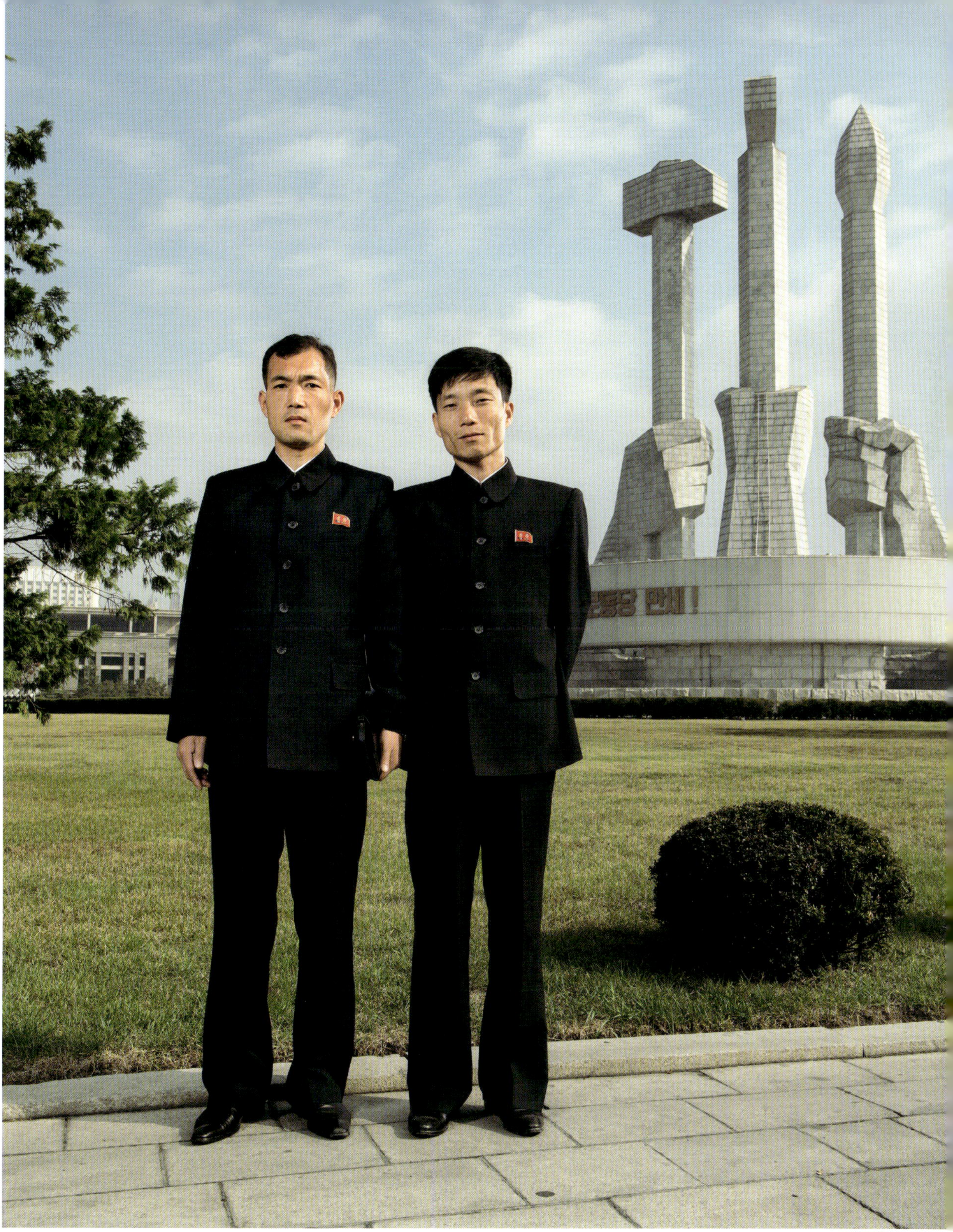

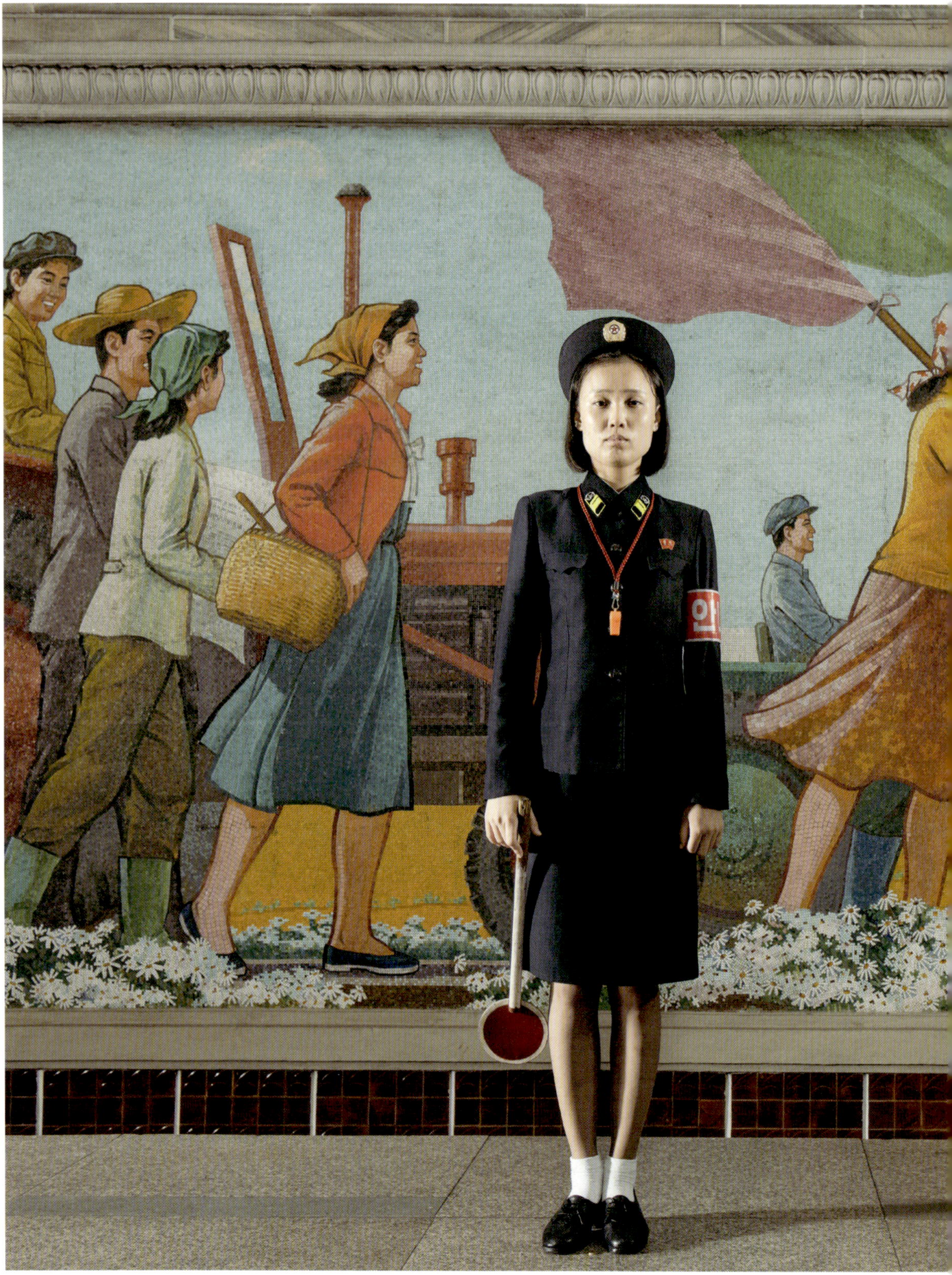

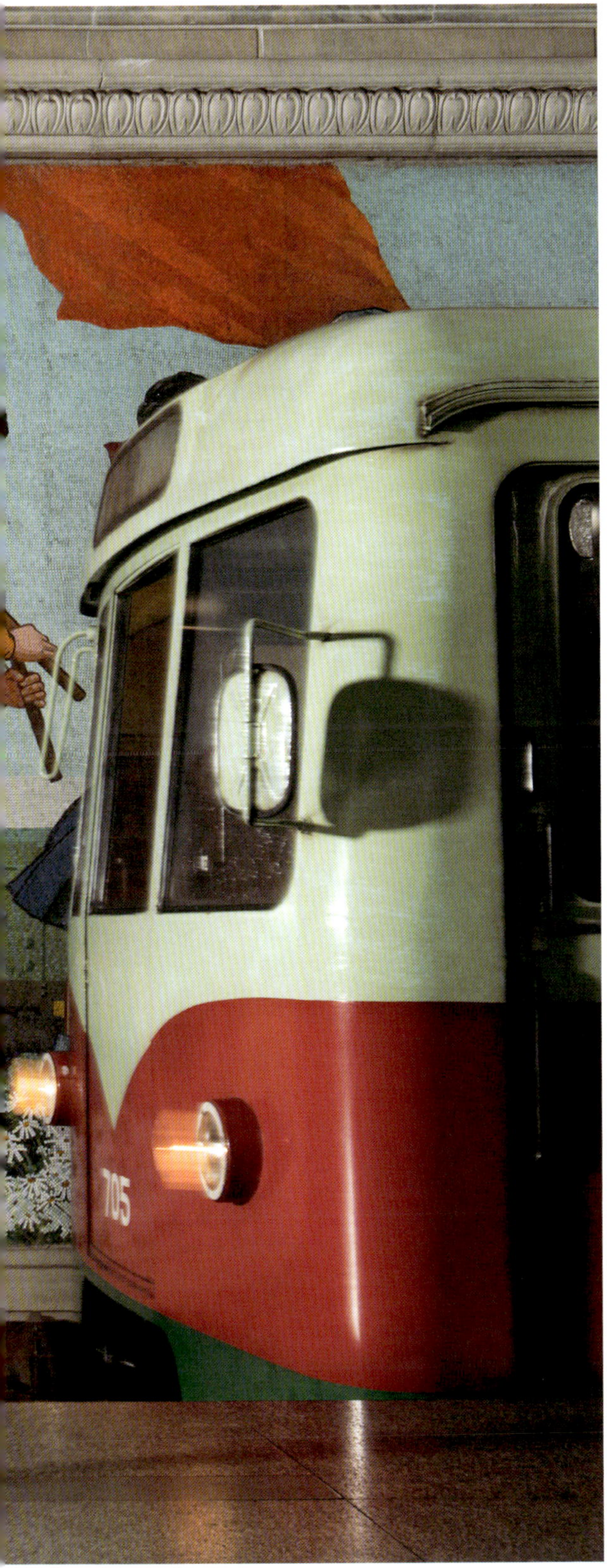

Station de métro. Pyongyang
Metro station. Pyongyang

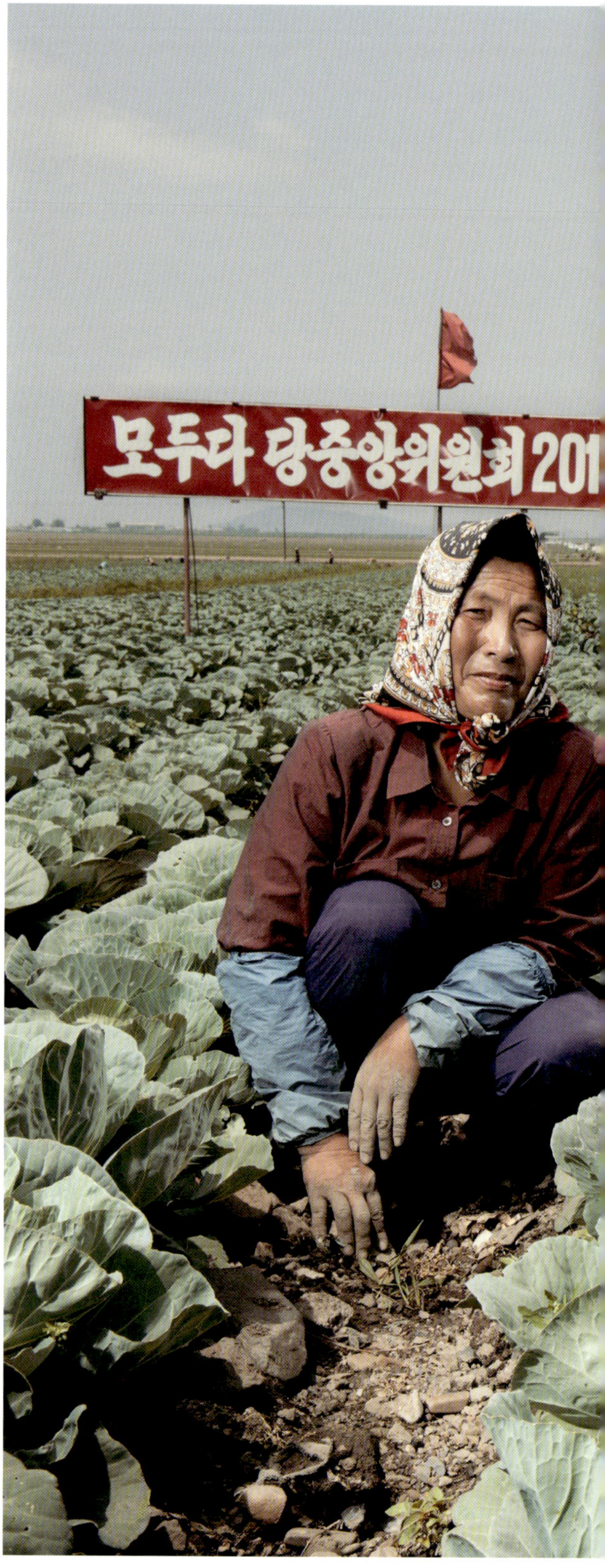

Ferme collective. Pyongyang
Collective farm. Pyongyang

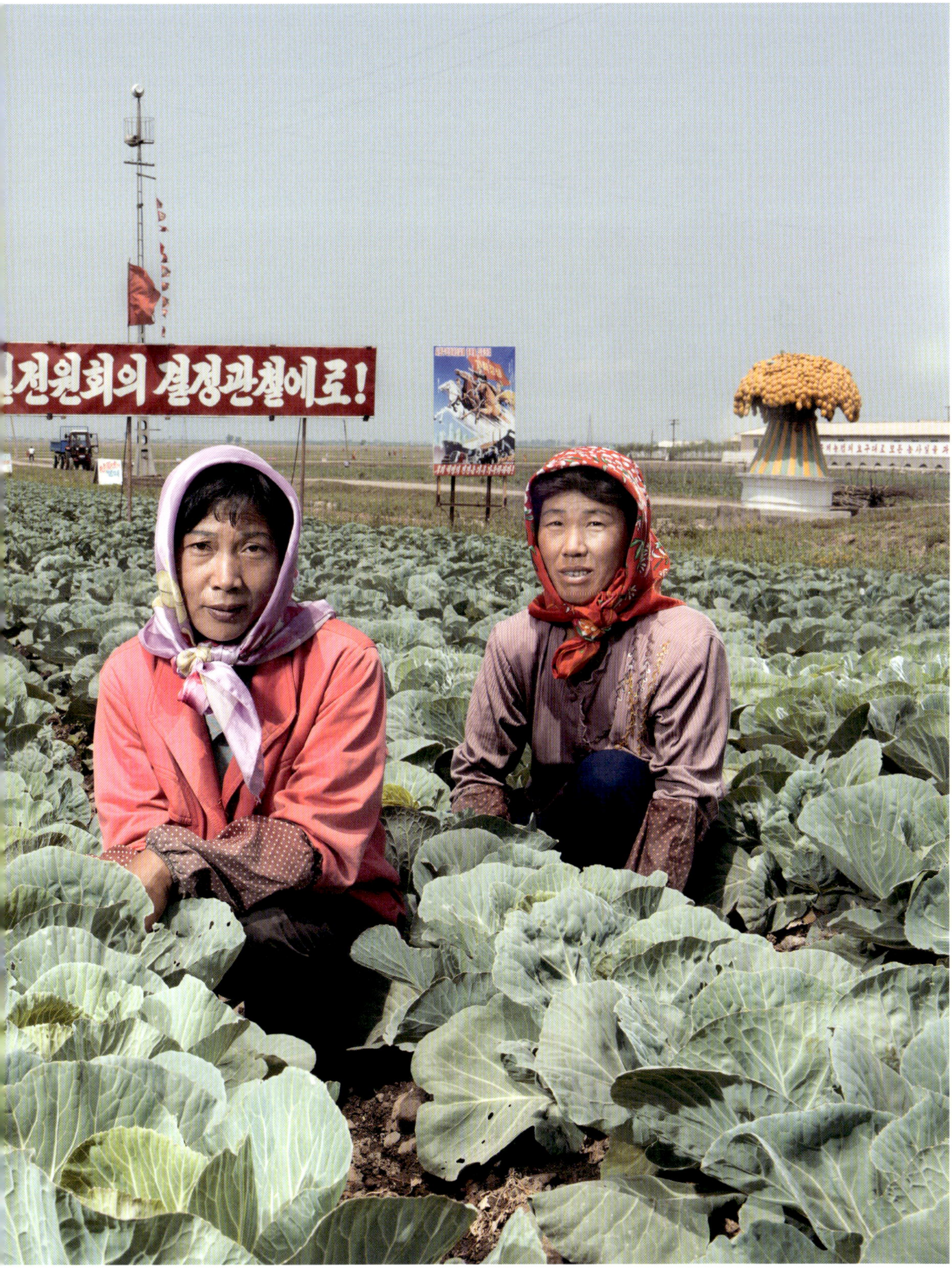
전원회의 결정관철에로!

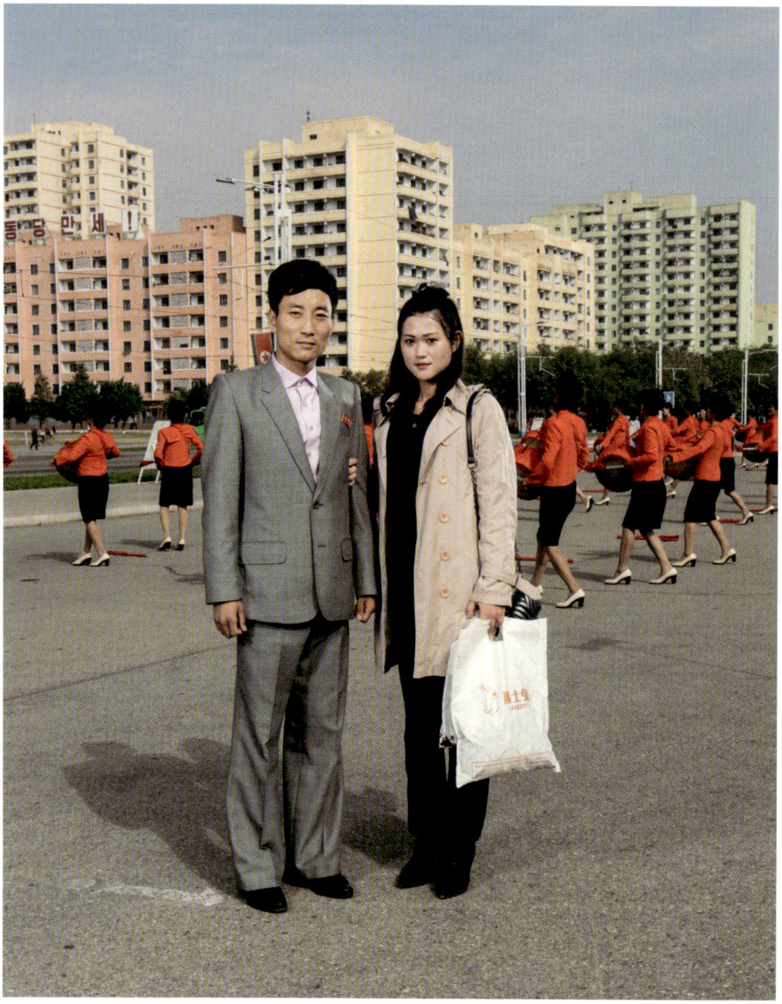

Couple dans la rue pendant une répétition musicale collective. Pyongyang
Centre commercial Kwangbok. Pyongyang
Couple in the street during a collective music rehearsal. Pyongyang
Kwangbok shopping centre. Pyongyang

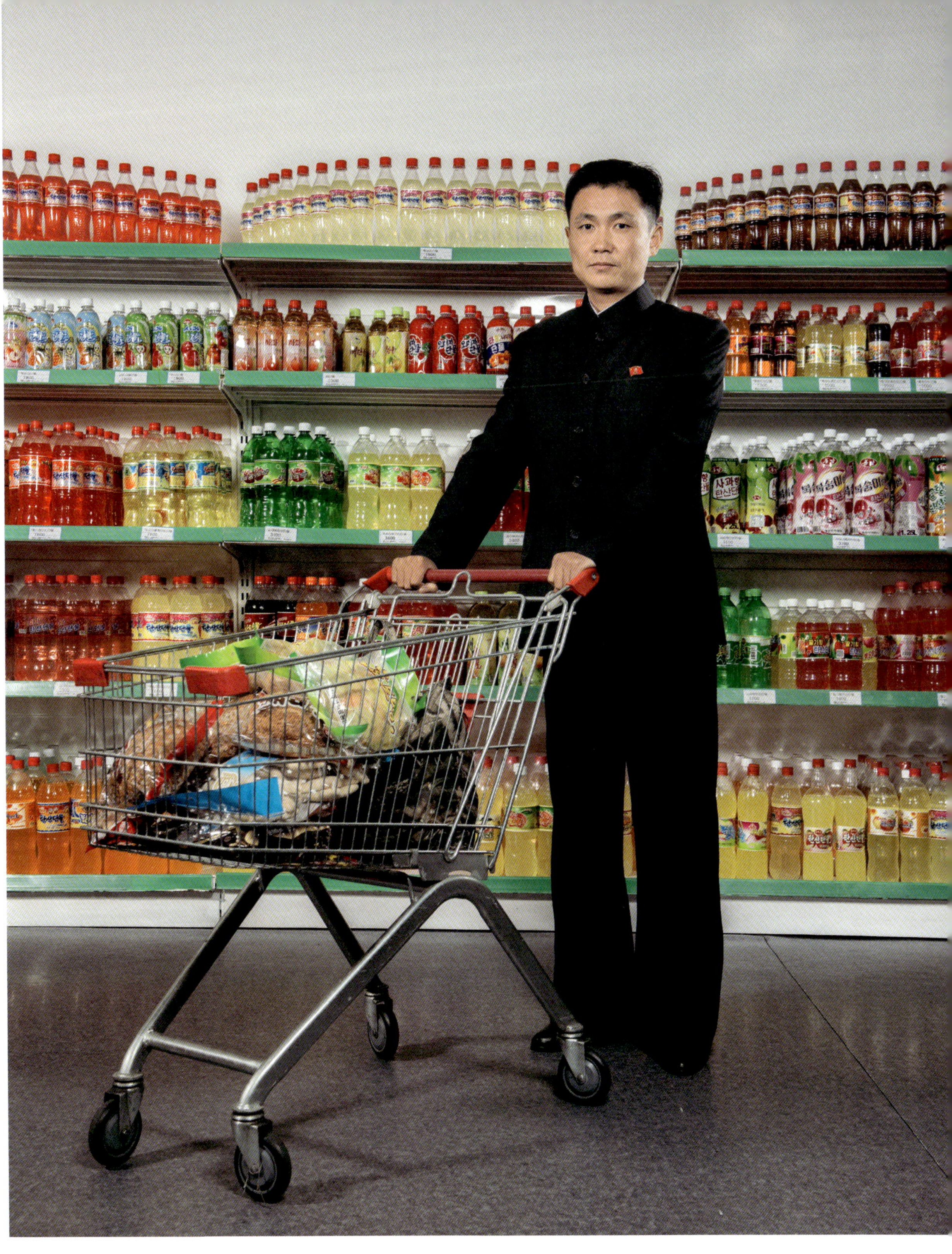
사과향

Écoliers rue Ryomyong. Pyongyang
Schoolchildren on Ryomyong Street. Pyongyang

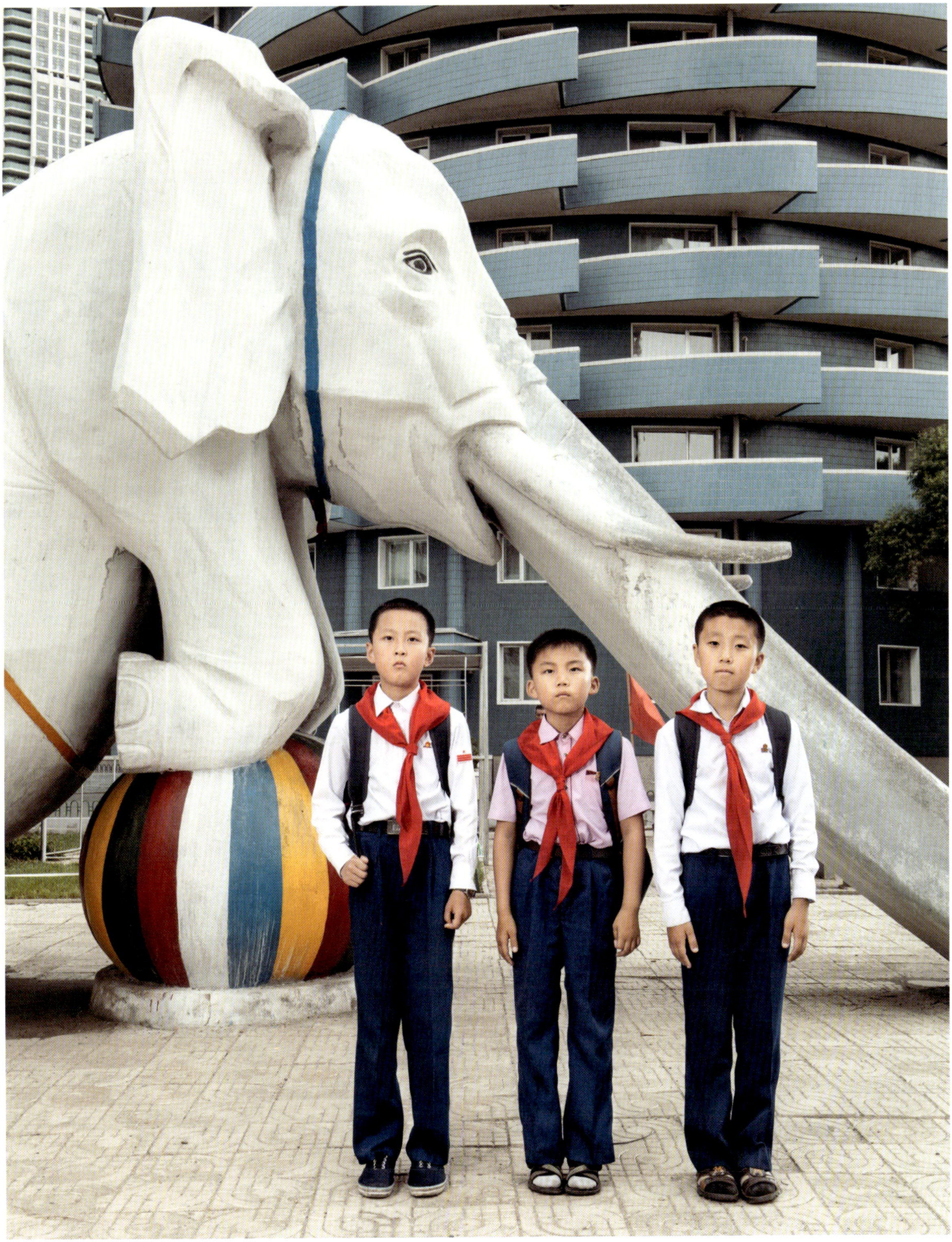

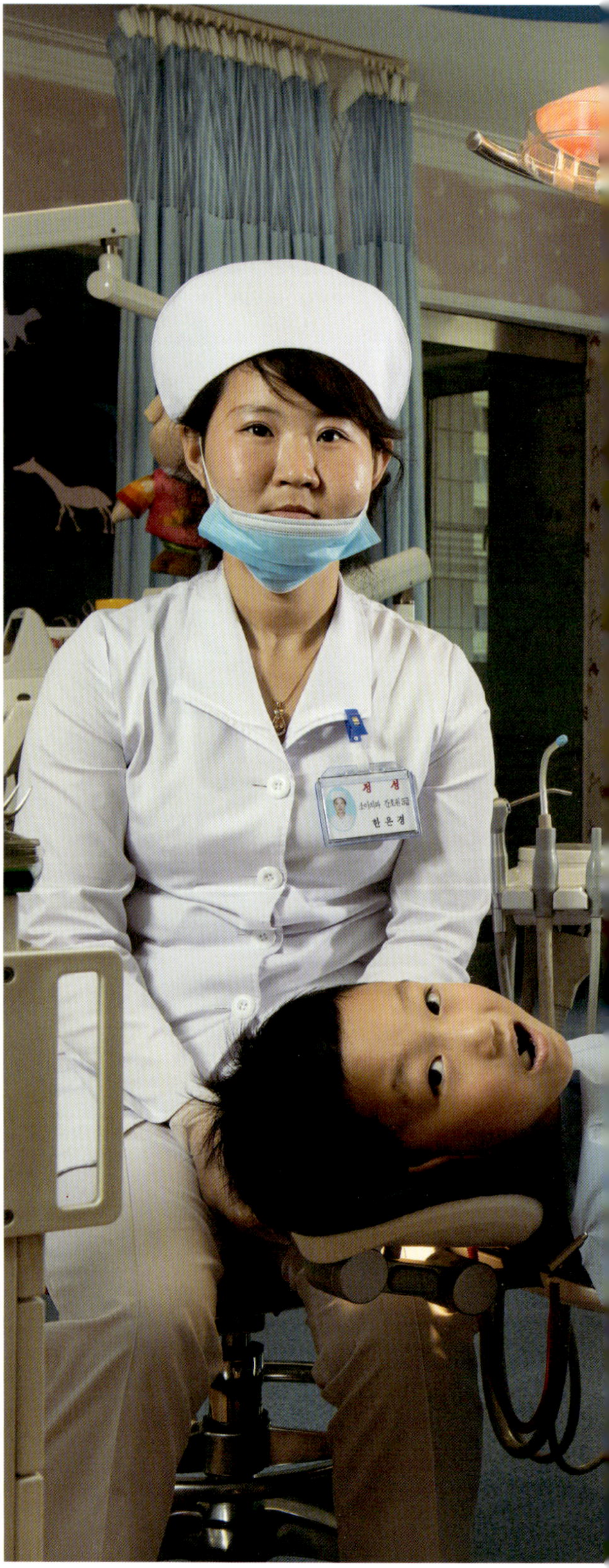

Dentistes. Pyongyang
Dentists. Pyongyang

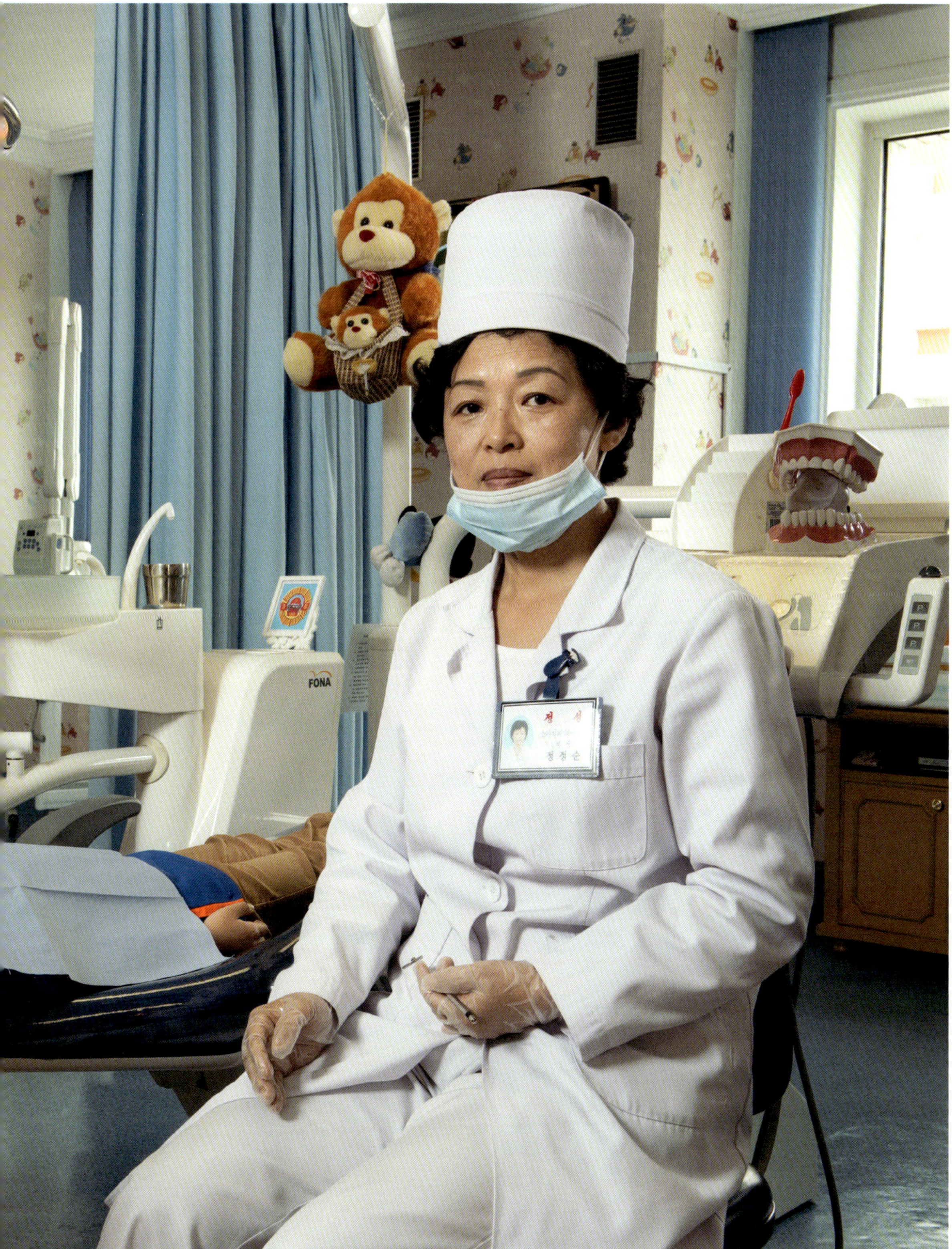
FONA

Rue Sungri. Pyongyang
Sungri Street. Pyongyang

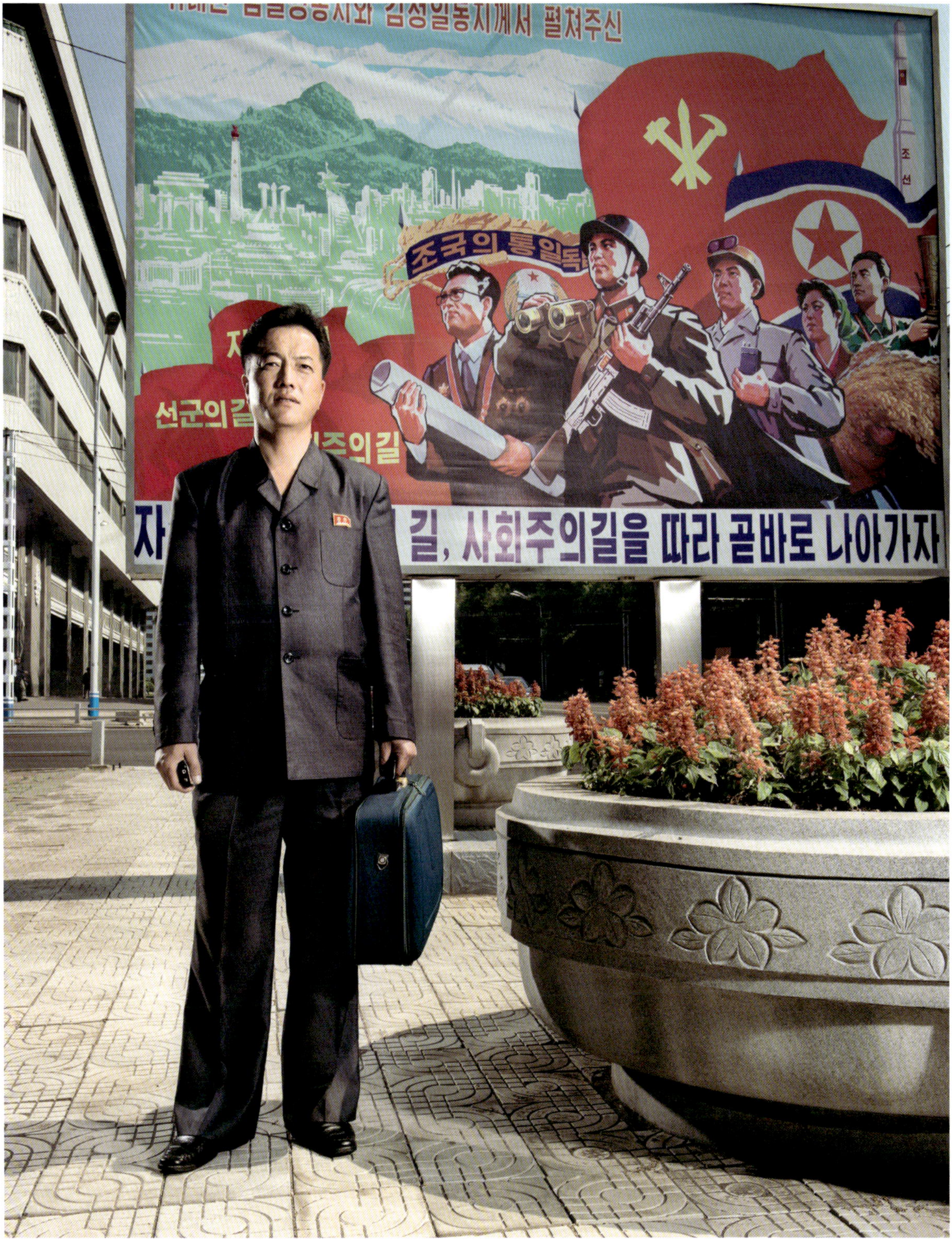
길, 사회주의길을 따라 곧바로 나아가자

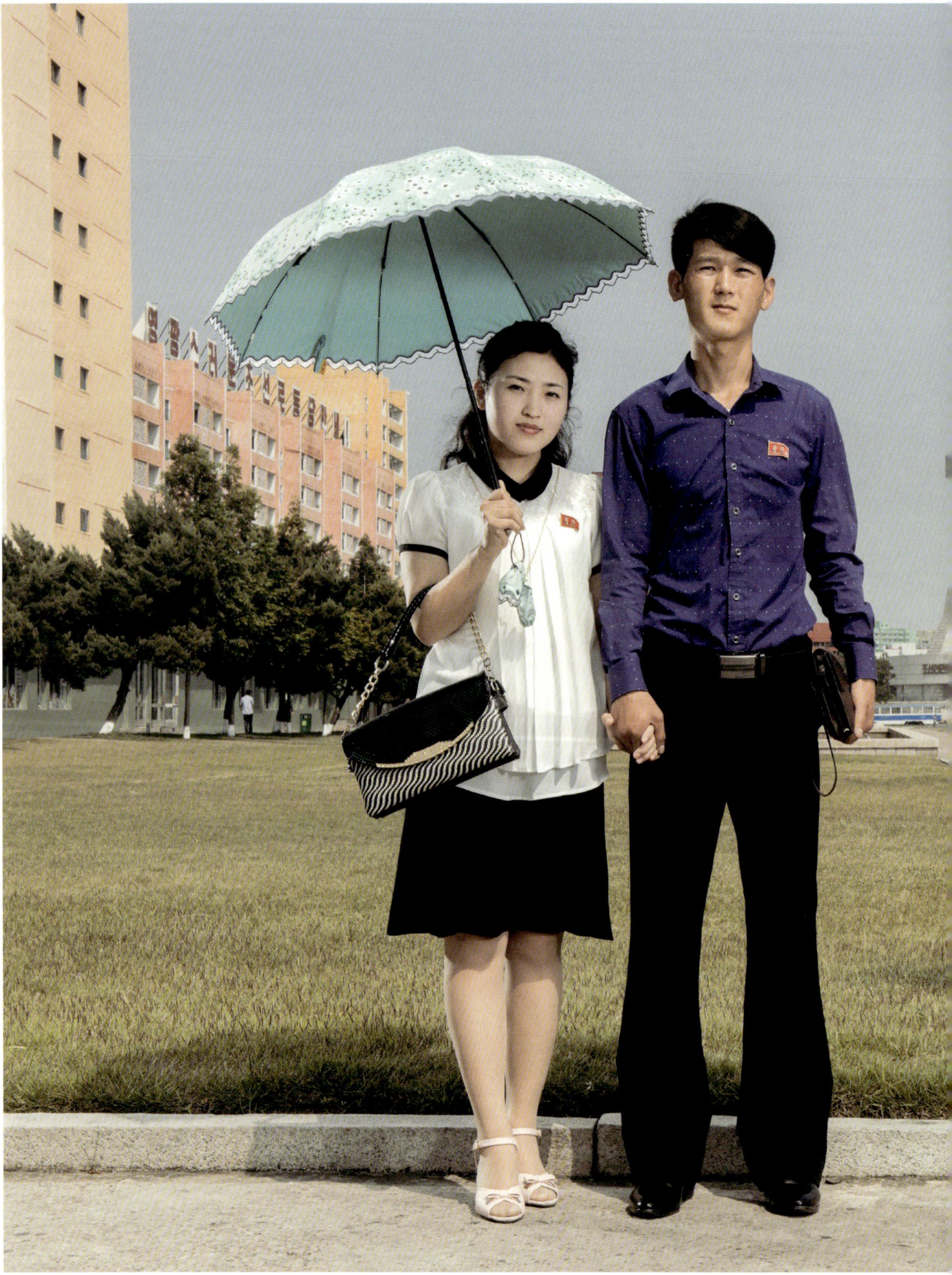

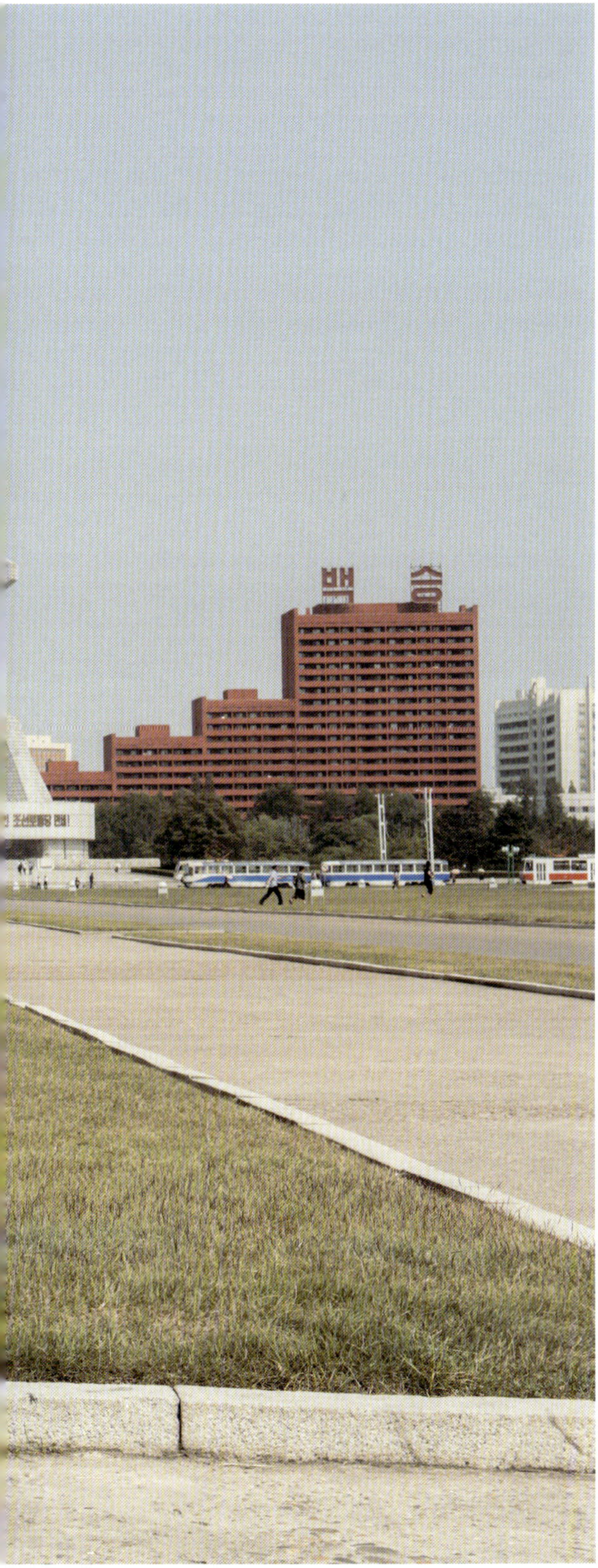

Près du grand théâtre de l'Est. Pyongyang
Near the East Pyongyang Grand Theatre

—

Étudiants de l'université Kim Il-sung. Pyongyang

Students from Kim Il-sung University. Pyongyang

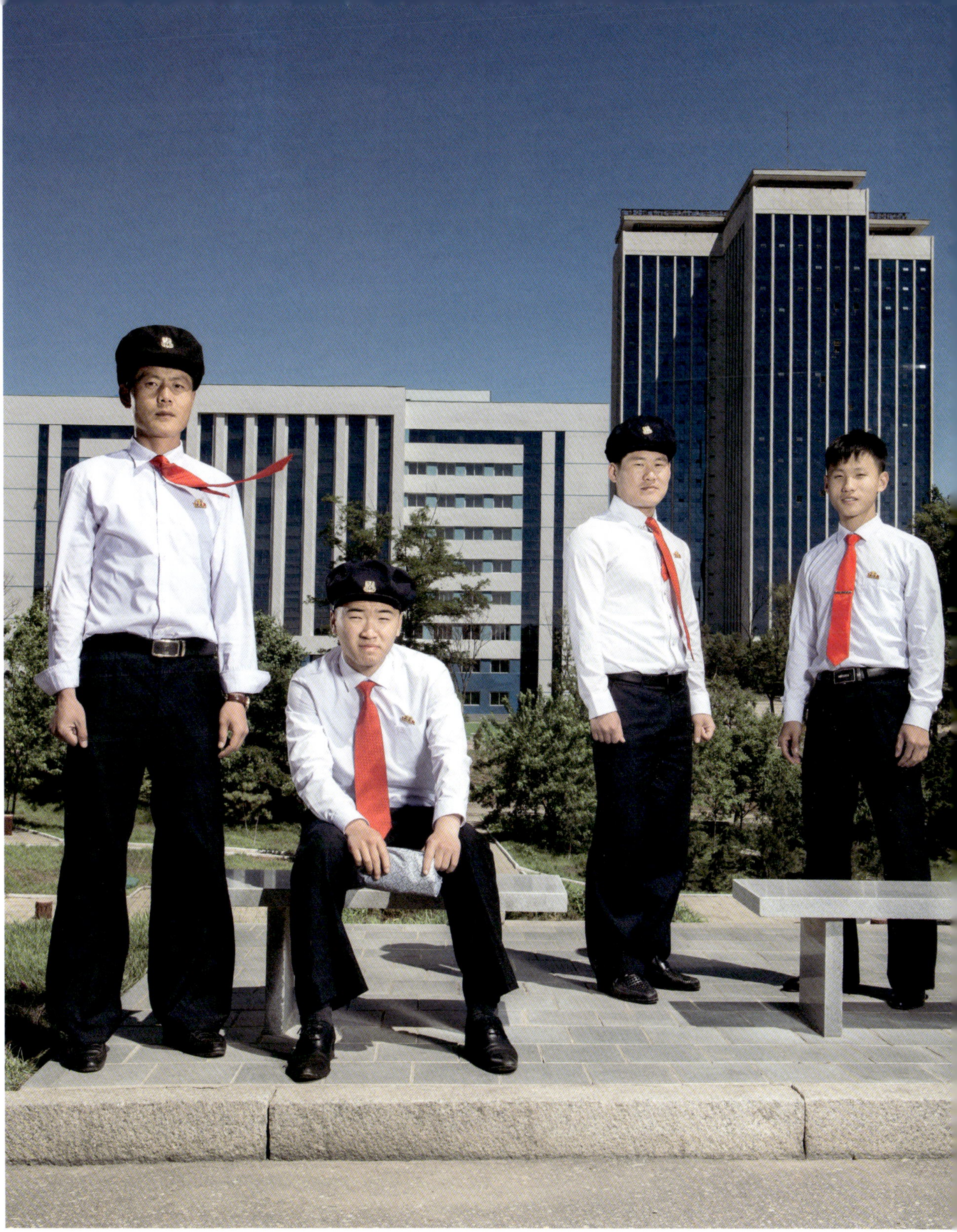

Sur la plage. Wonsan
At the beach. Wonsan

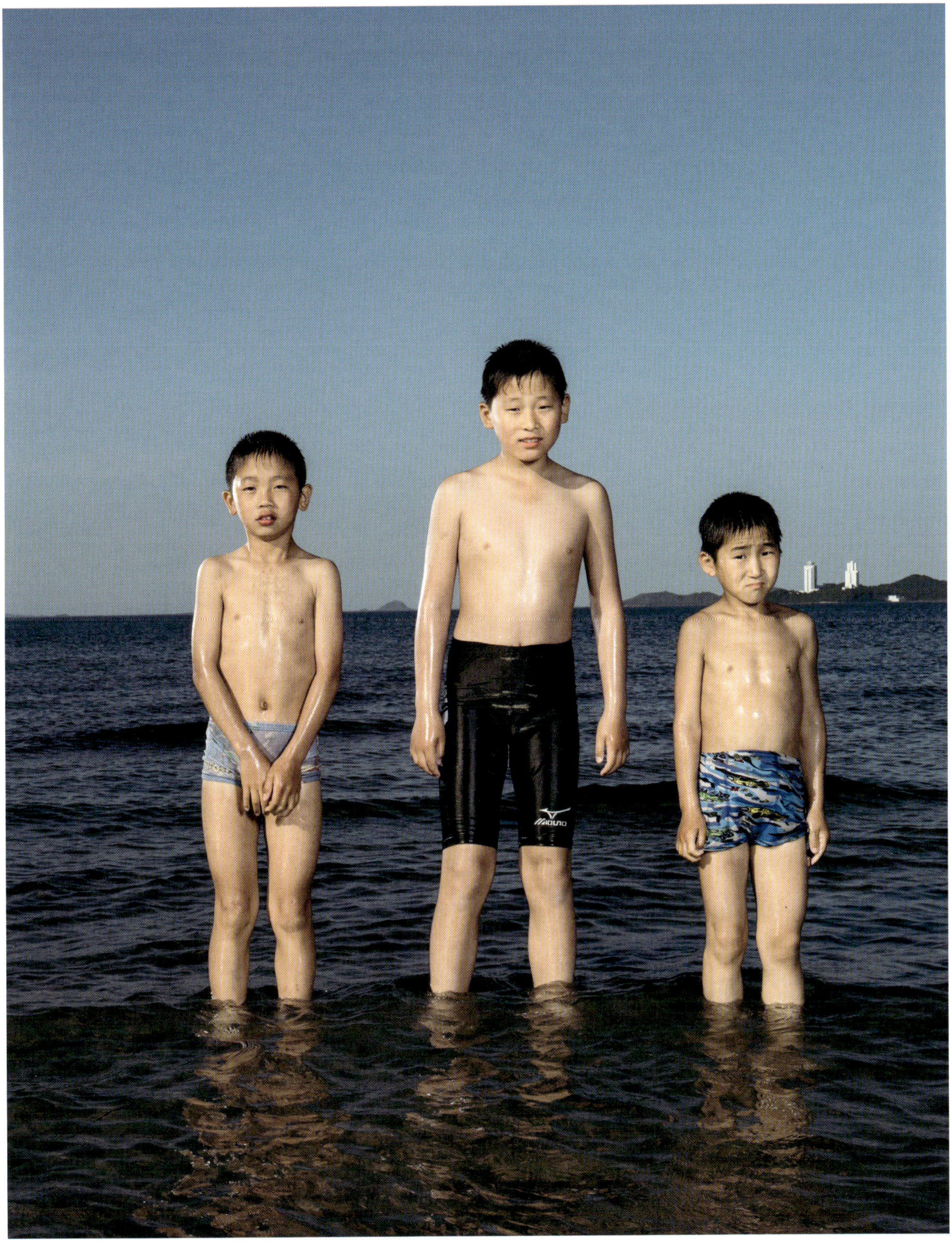

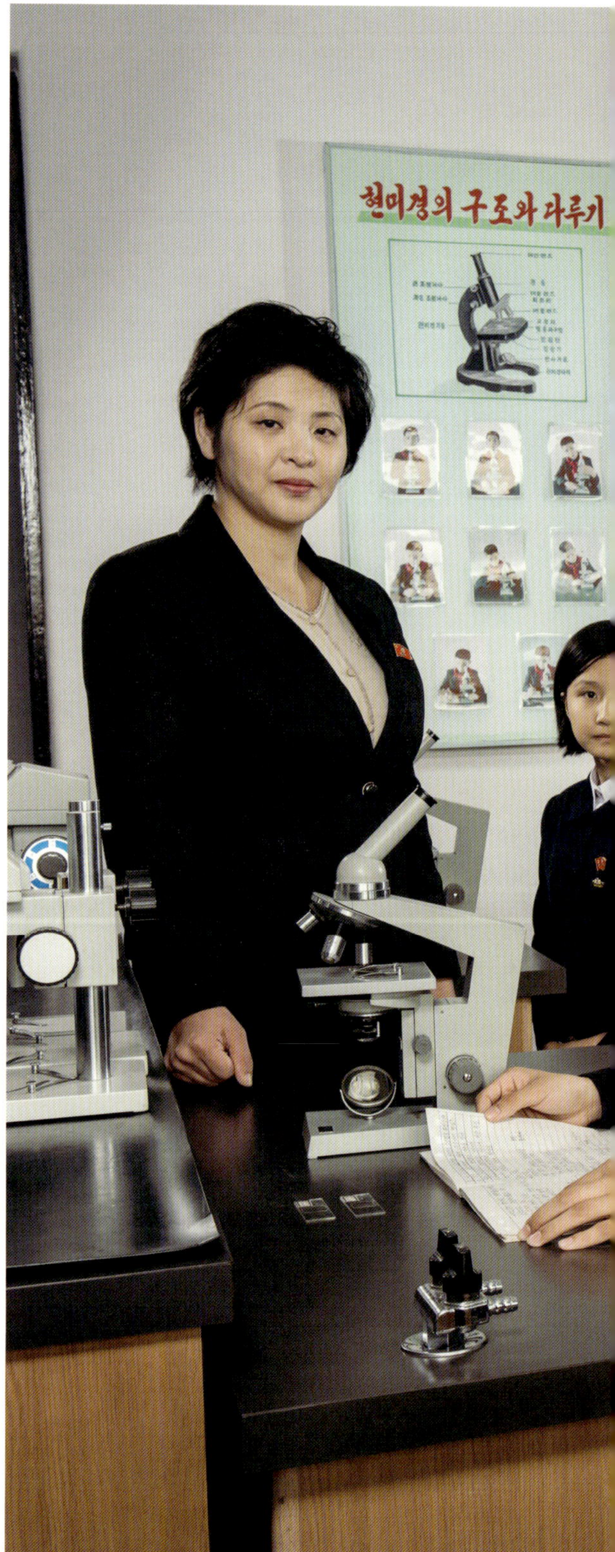

Cours de sciences du vivant. Pyongyang
Life sciences course. Pyongyang

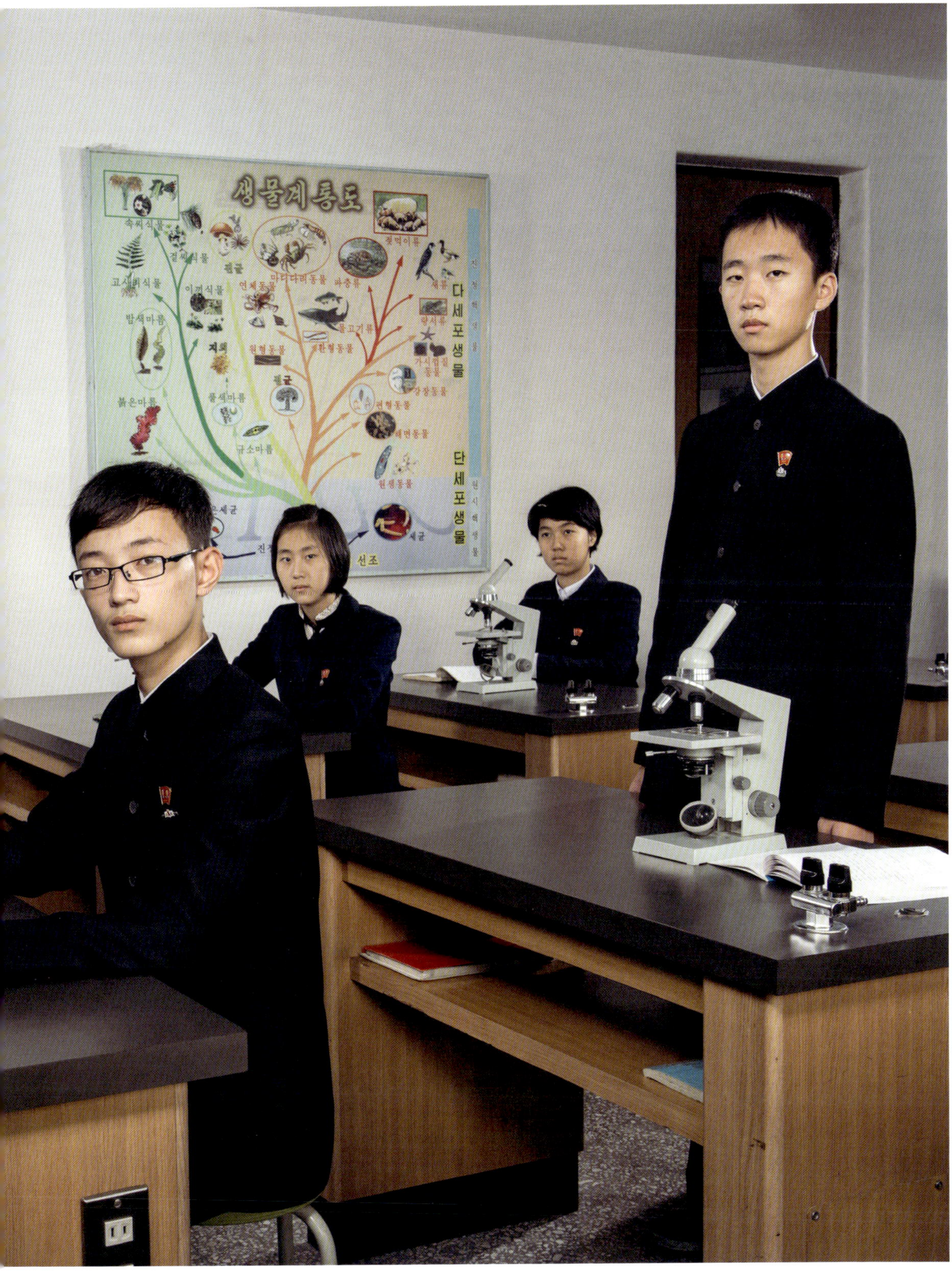
생물계통도
다세포생물
단세포생물
선조
고사리식물
이끼식물
밤색마름
붉은마름
규소마름
원생동물
해면동물
강장동물
물고기류
새류
세균

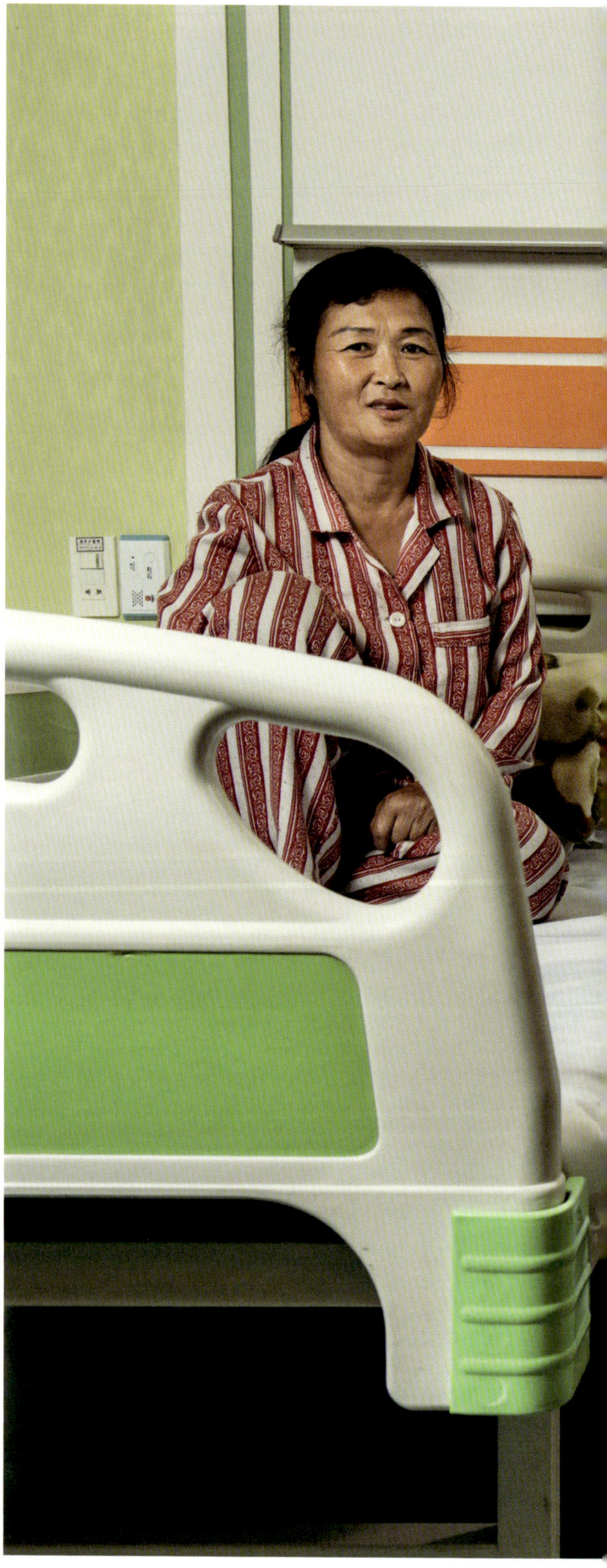

Hôpital ophtalmologique. Pyongyang
Eye hospital. Pyongyang

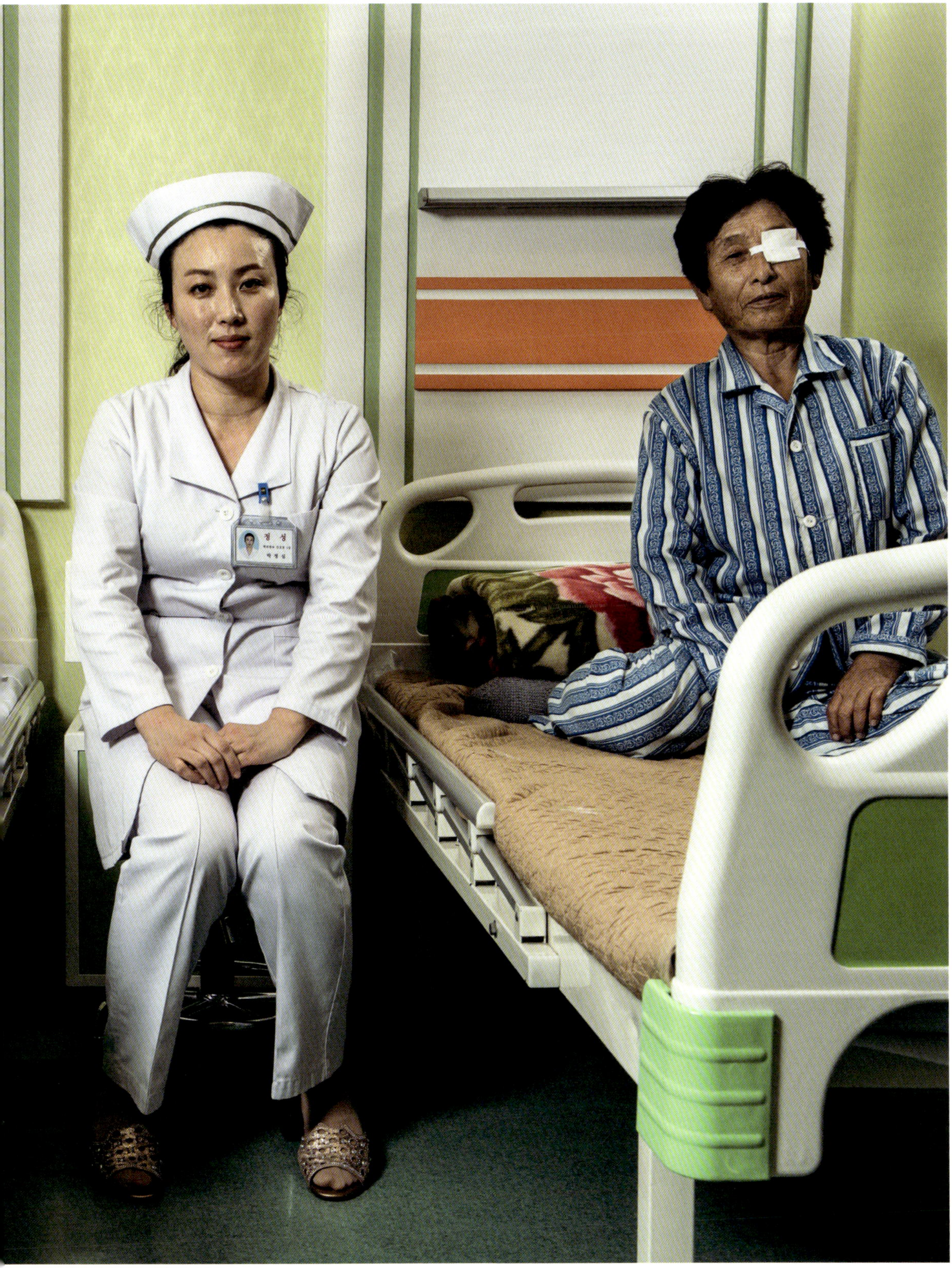
정 성

Salle de consultation du Pyongyang Sci-Tech Complex
Consultation room at the Pyongyang Sci-Tech Complex

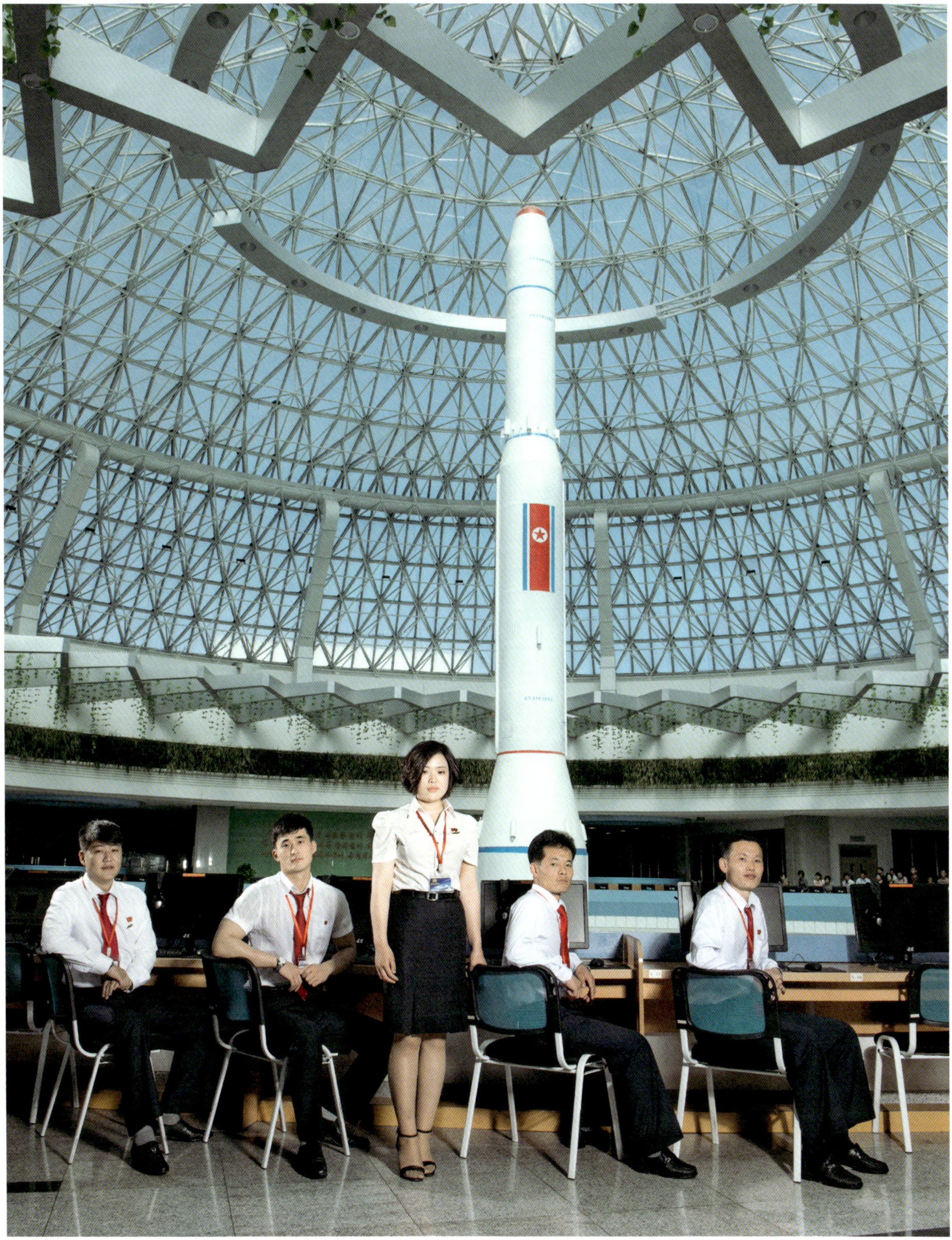

—
Ouvrière dans l'usine de textile Zhengsu. Pyongyang
Worker at the Zhengsu textile factory. Pyongyang

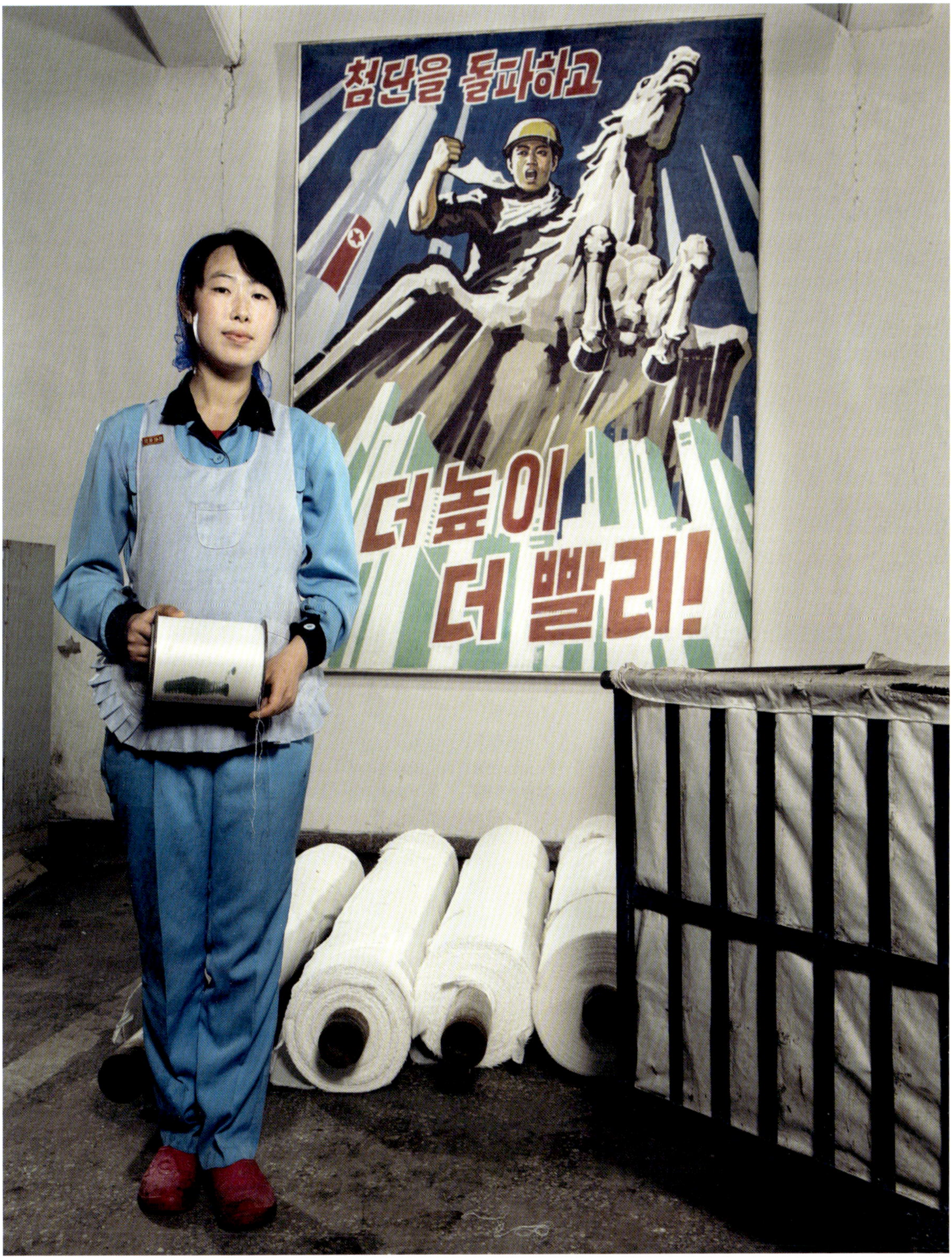
첨단을 돌파하고
더높이
더 빨리!

—

Rue des Scientifiques. Pyongyang

Scientists' Street. Pyongyang

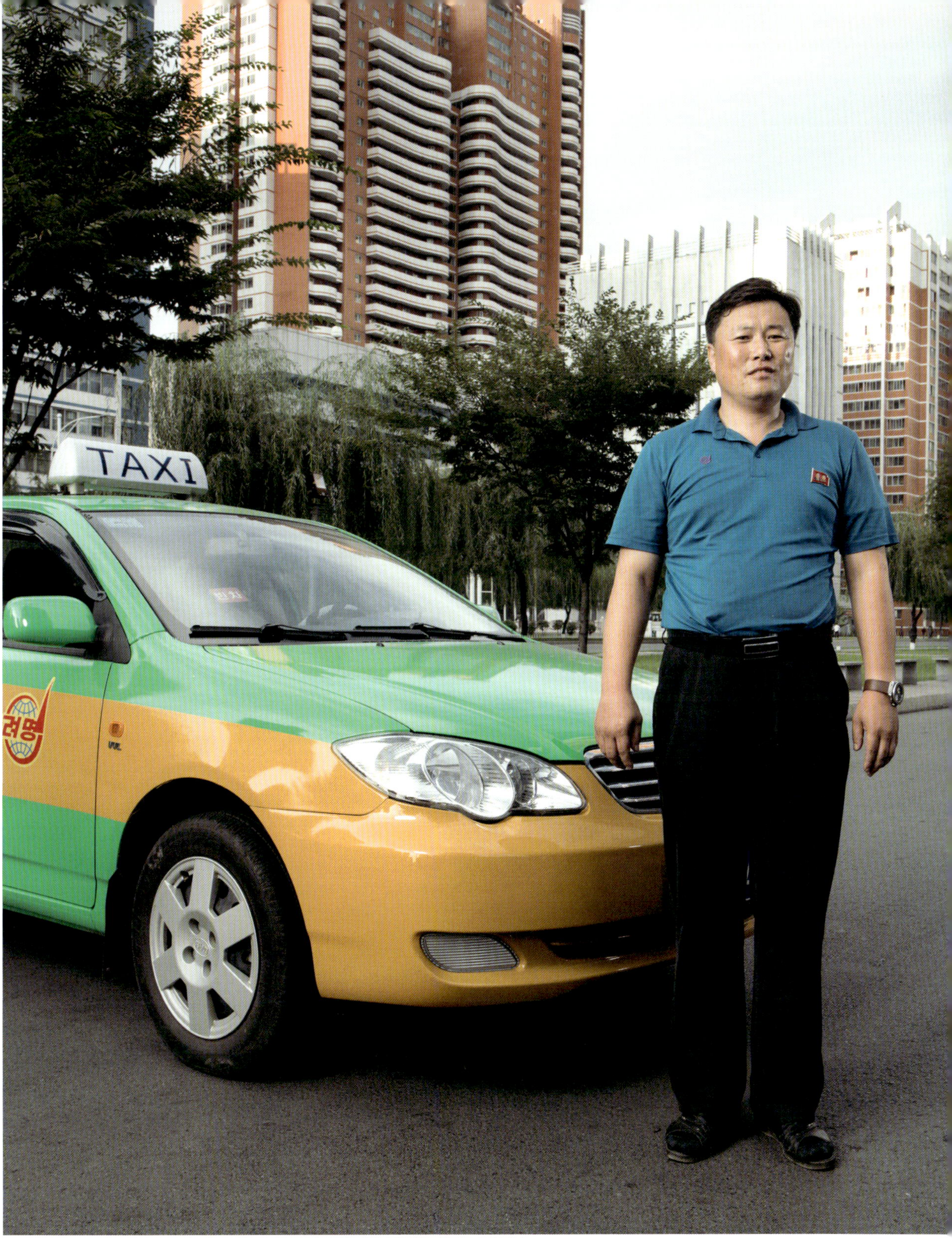
TAXI
려명

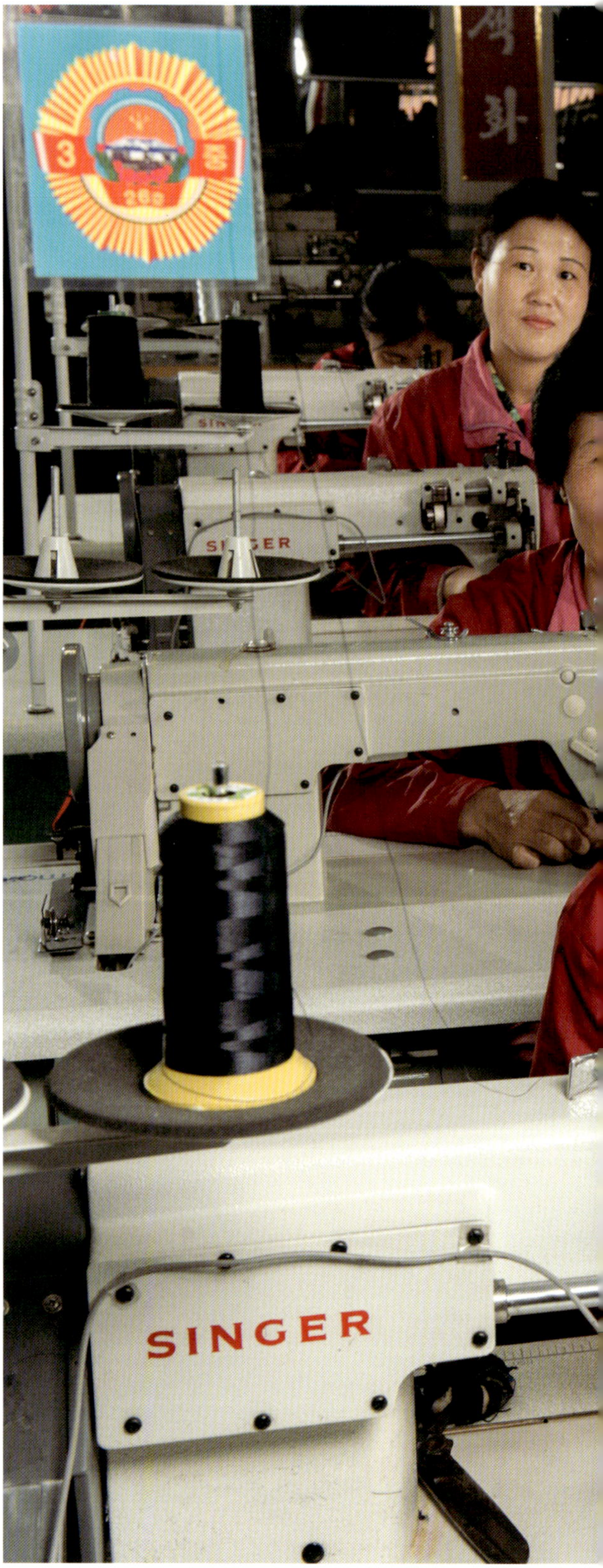

Usine de sacs. Pyongyang
Bag factory. Pyongyang

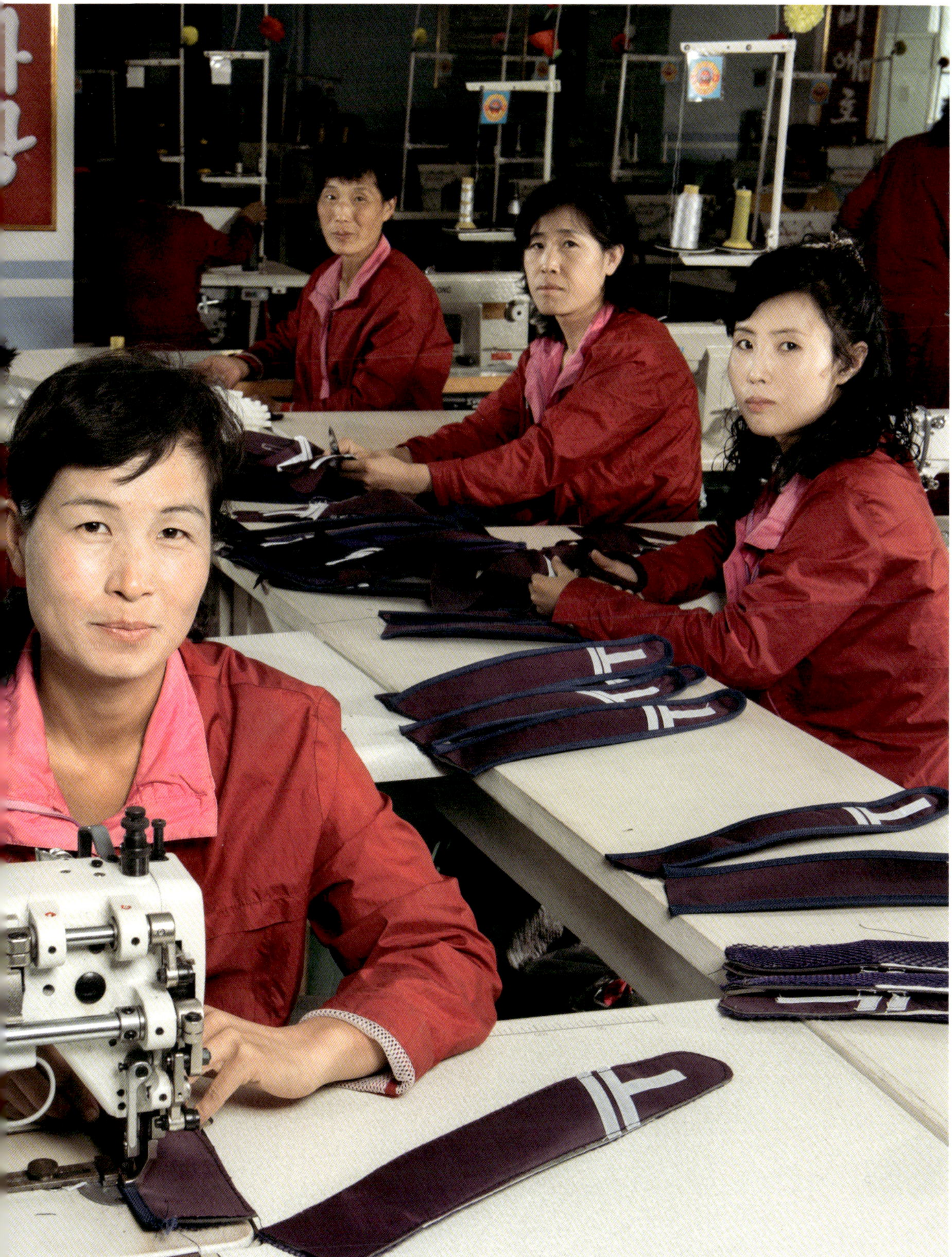

Des écoliers au parc d'attractions Taesongsan. Taesong-guyok
Schoolchildren in Taesongsan theme park. Taesong-guyok

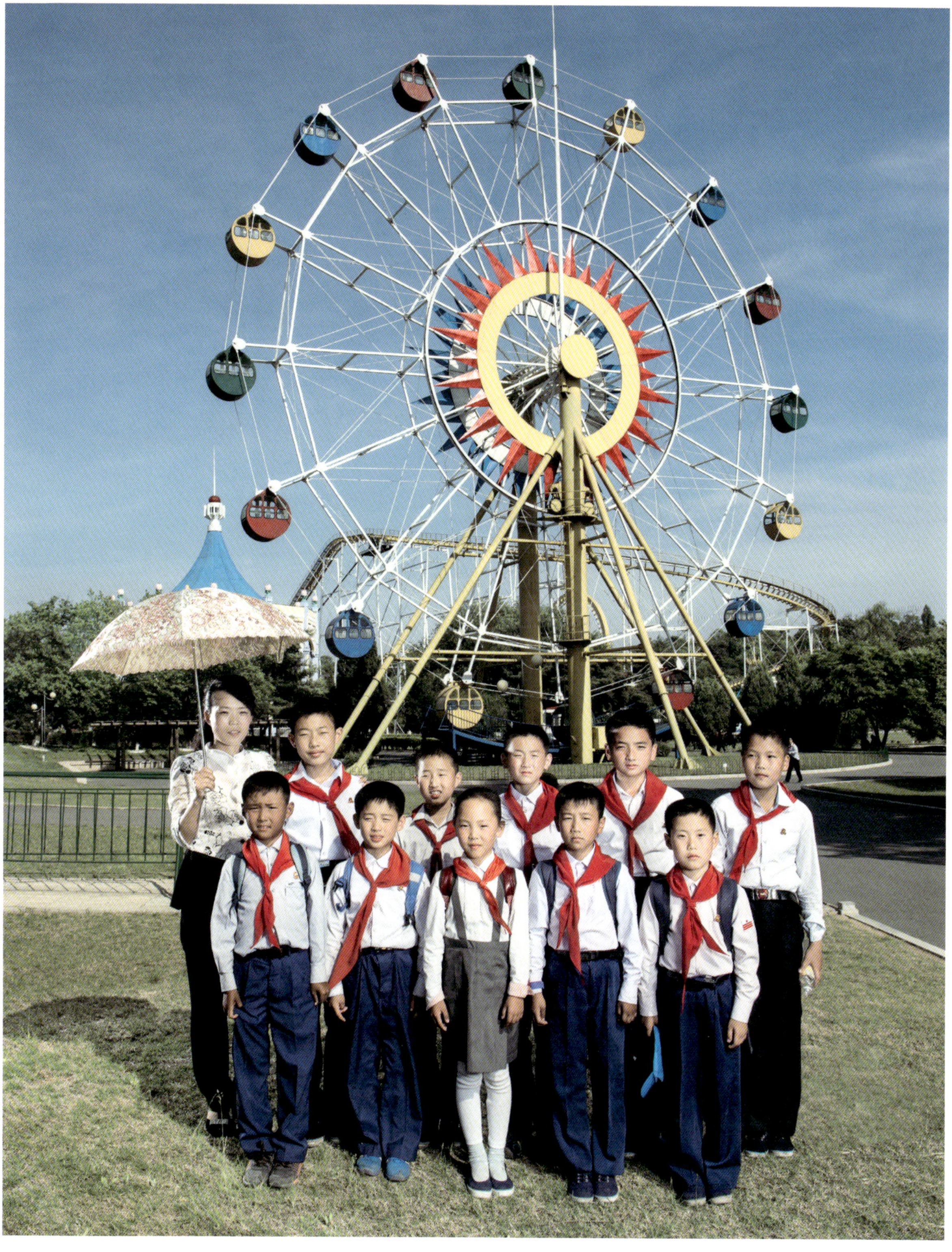

Coiffeuse pour dames. Pyongyang
Ladies' hairdresser. Pyongyang

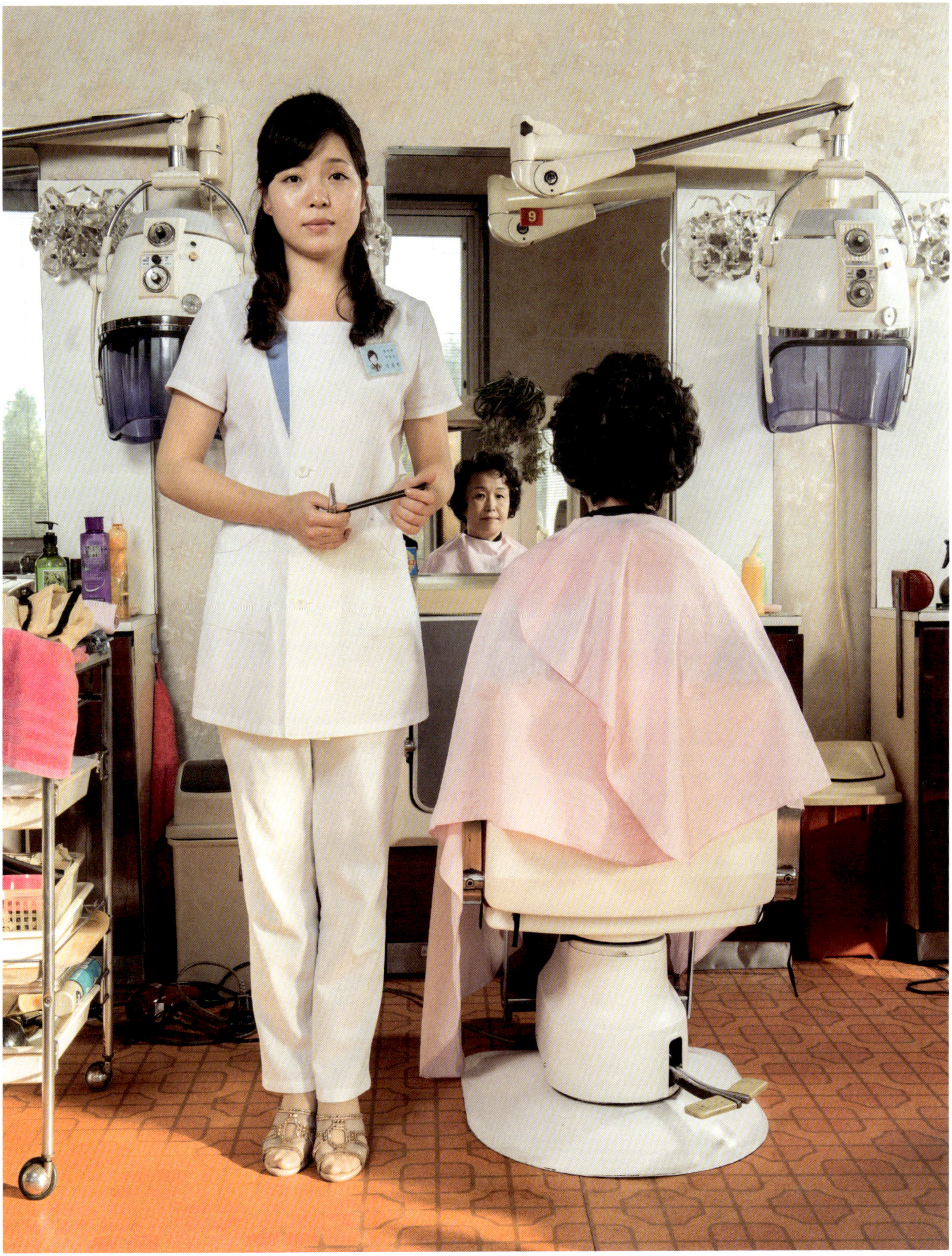

—

Coiffeur pour hommes. Pyongyang

Barber. Pyongyang

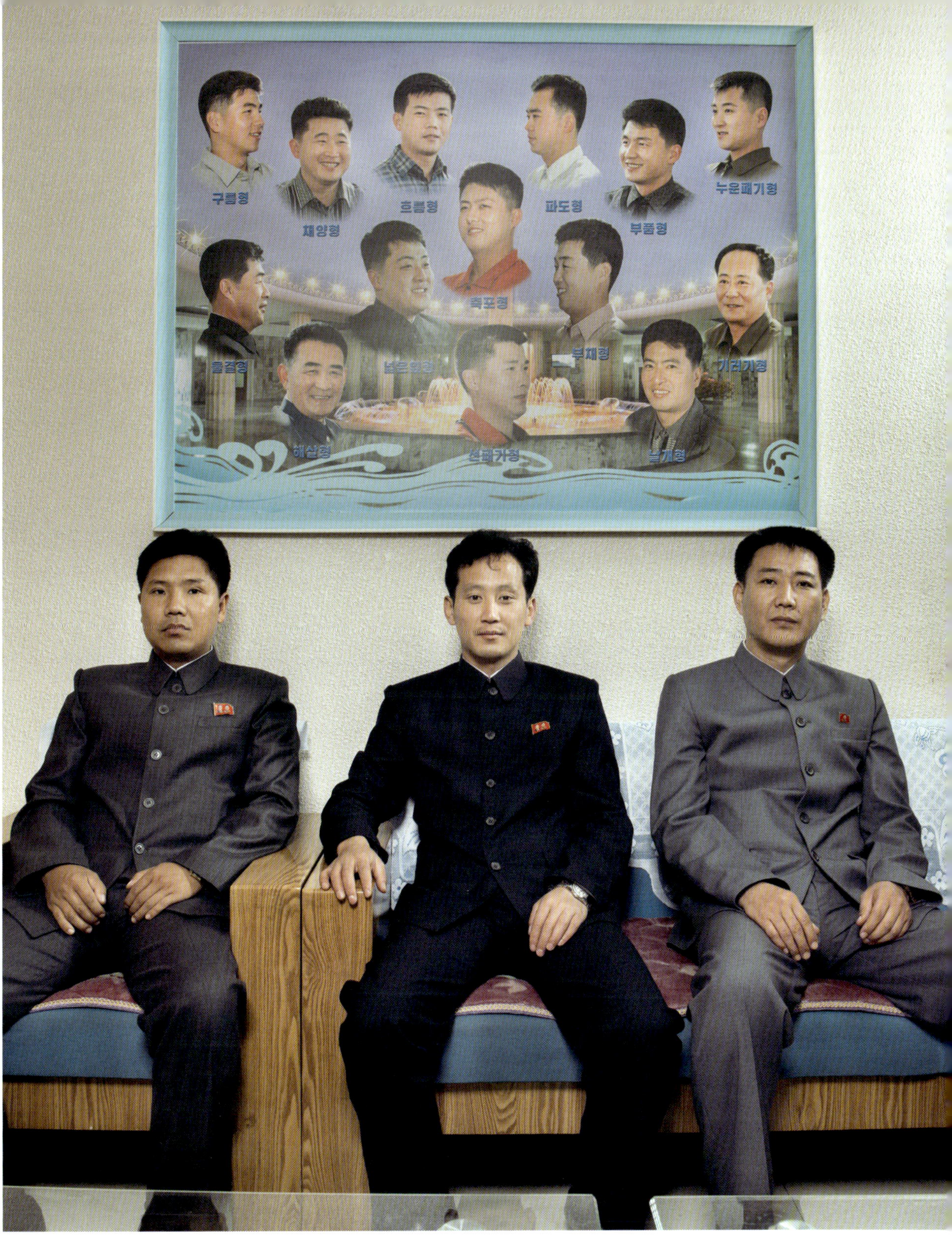
구름형
재양형
흐름형
파도형
부품형
누운패기형
축포형
물결형
부채형
기러기형
해살형
날개형

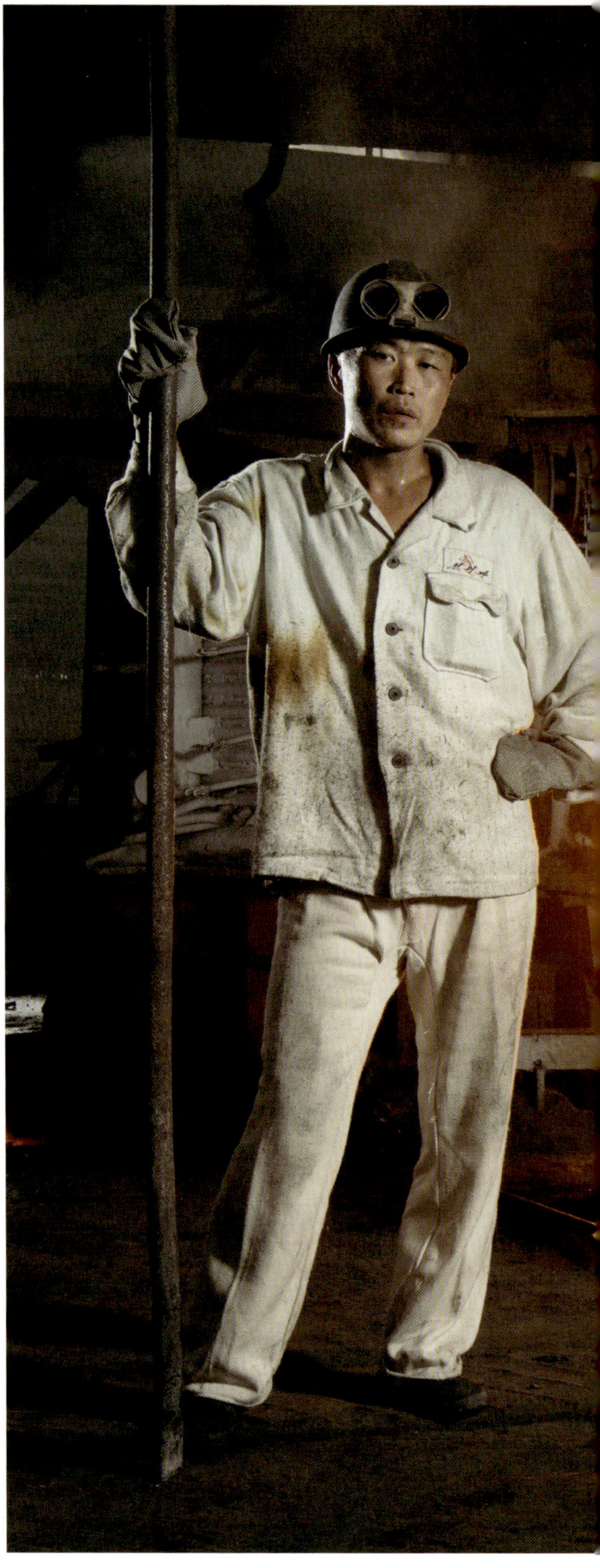

Centre sidérurgique de Cholima. Pyongyang
Cholima steelmaking complex. Pyongyang

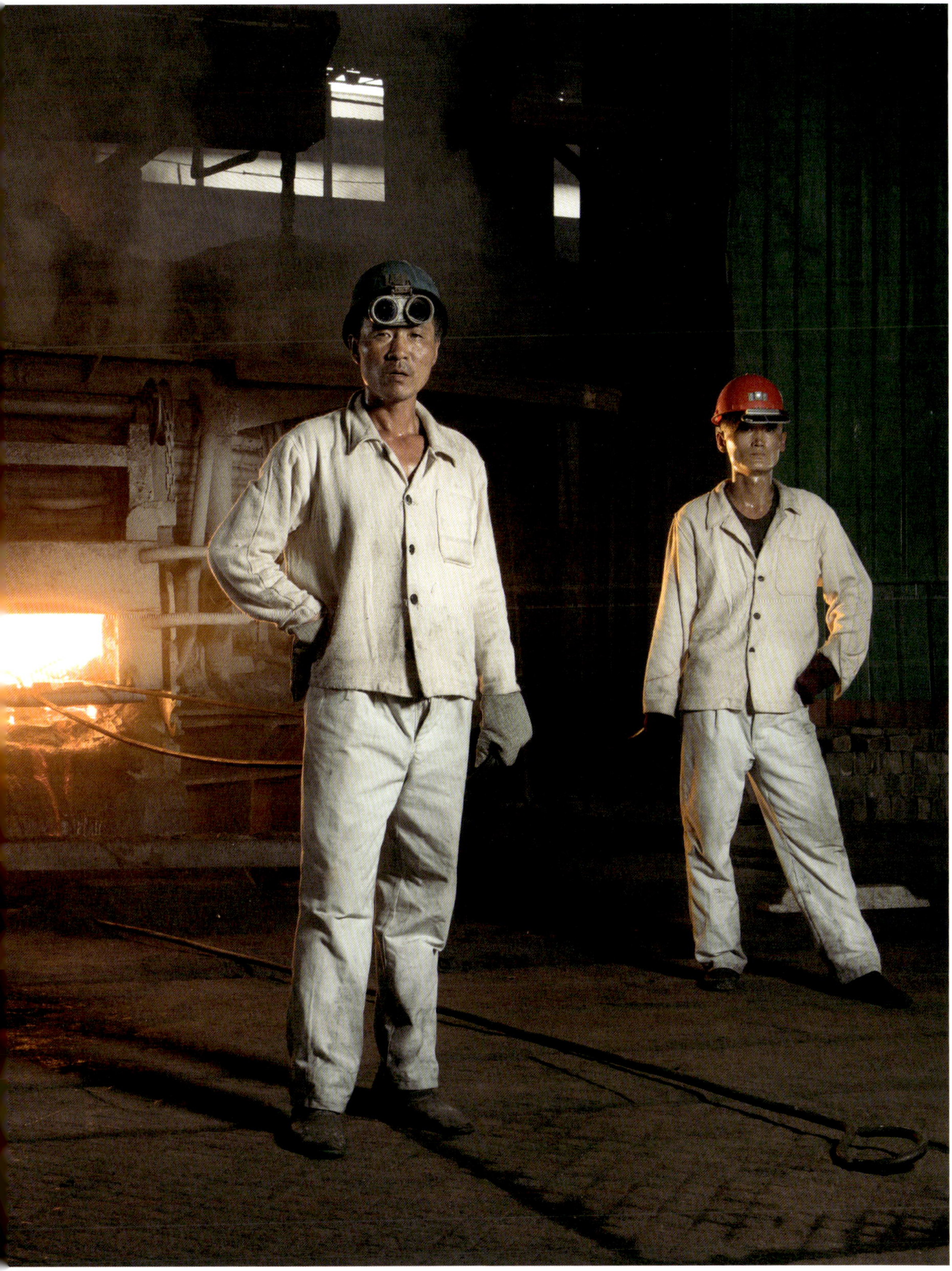

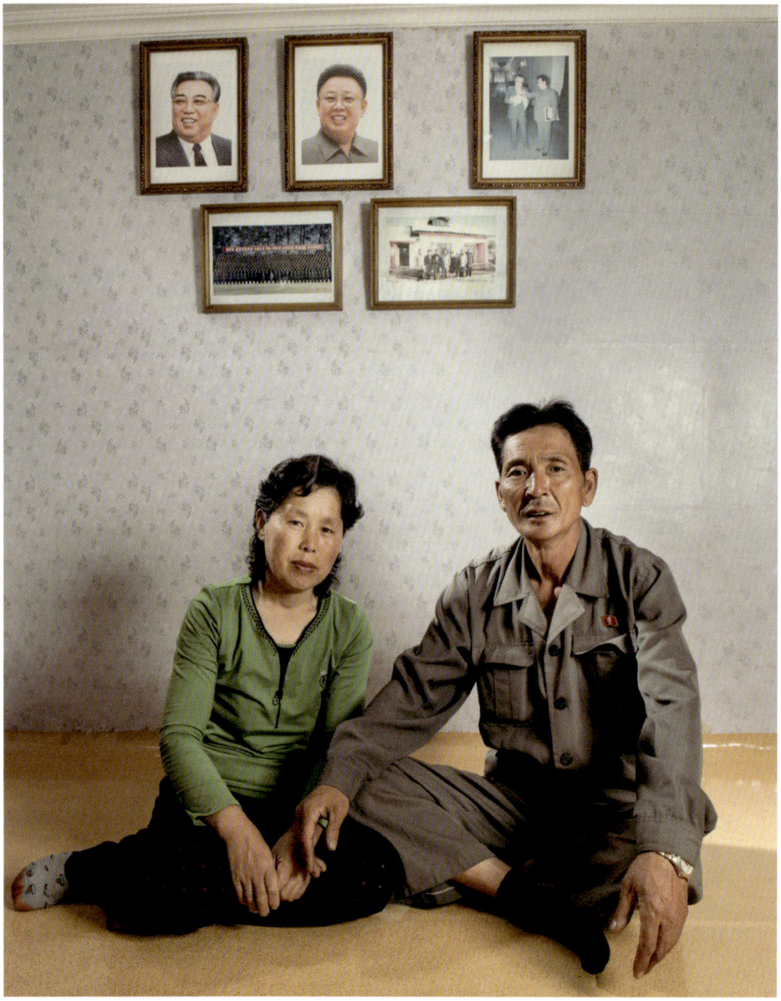

—

Couple de paysans dans une ferme collective. Sariwon
Paysan dans une ferme collective. Sariwon
Couple on a collective farm. Sariwon
Agricultural worker on a collective farm. Sariwon

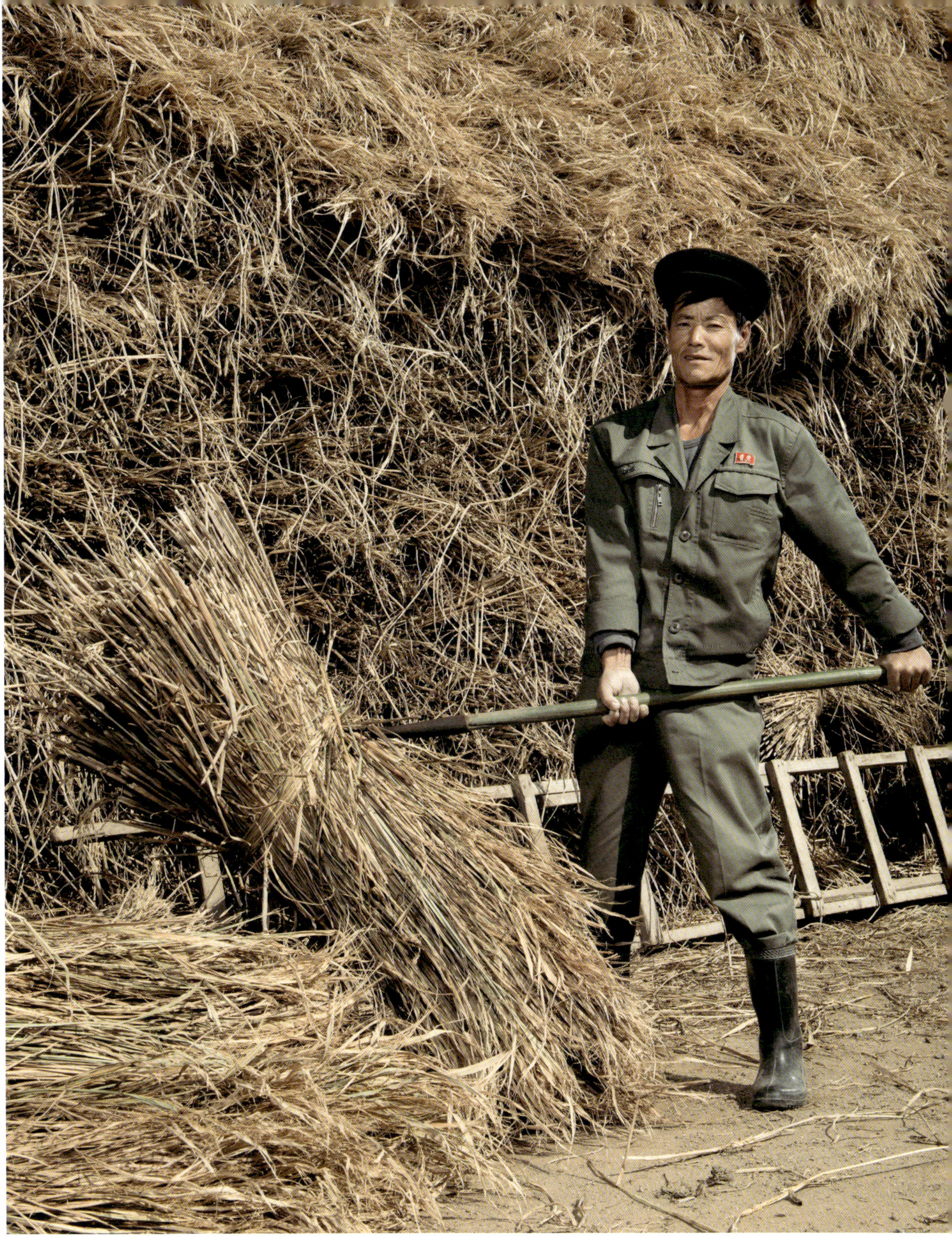

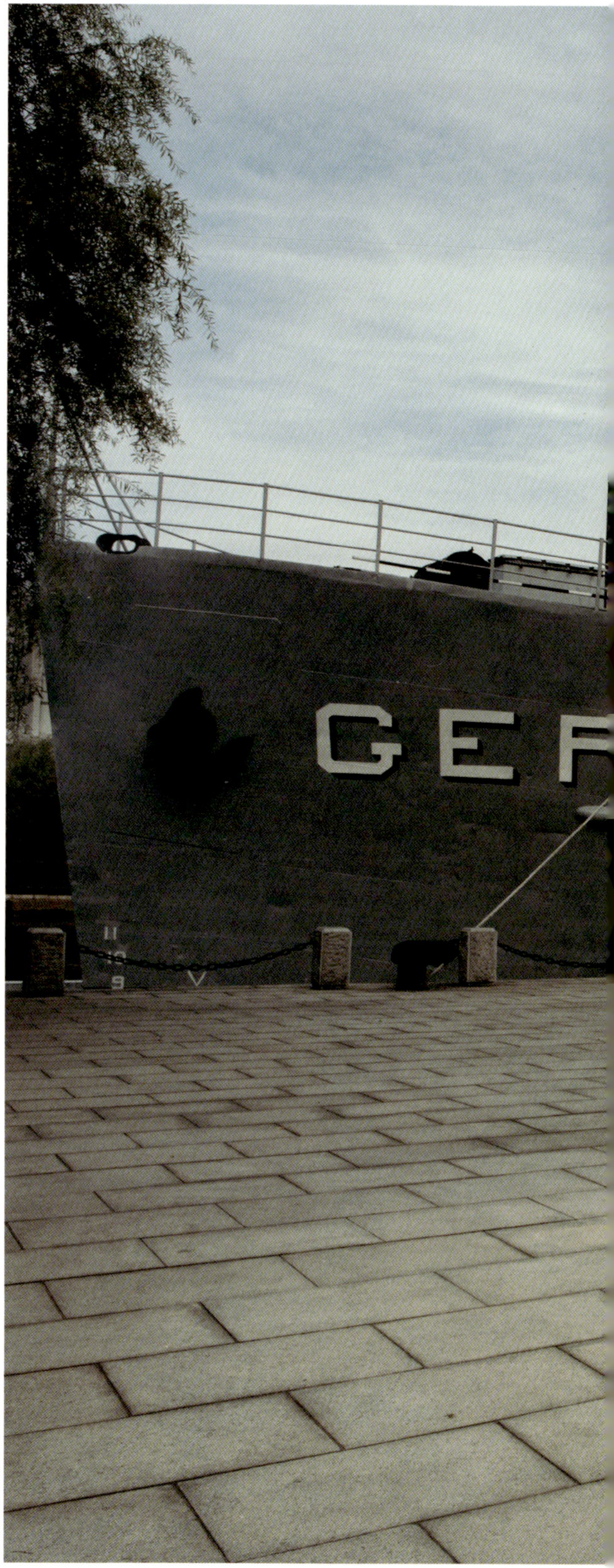

L'*USS Pueblo* capturé en 1968. Musée de la Libération de la patrie victorieuse. Pyongyang

The *USS Pueblo*, captured in 1968. Victorious Fatherland Liberation War Museum. Pyongyang

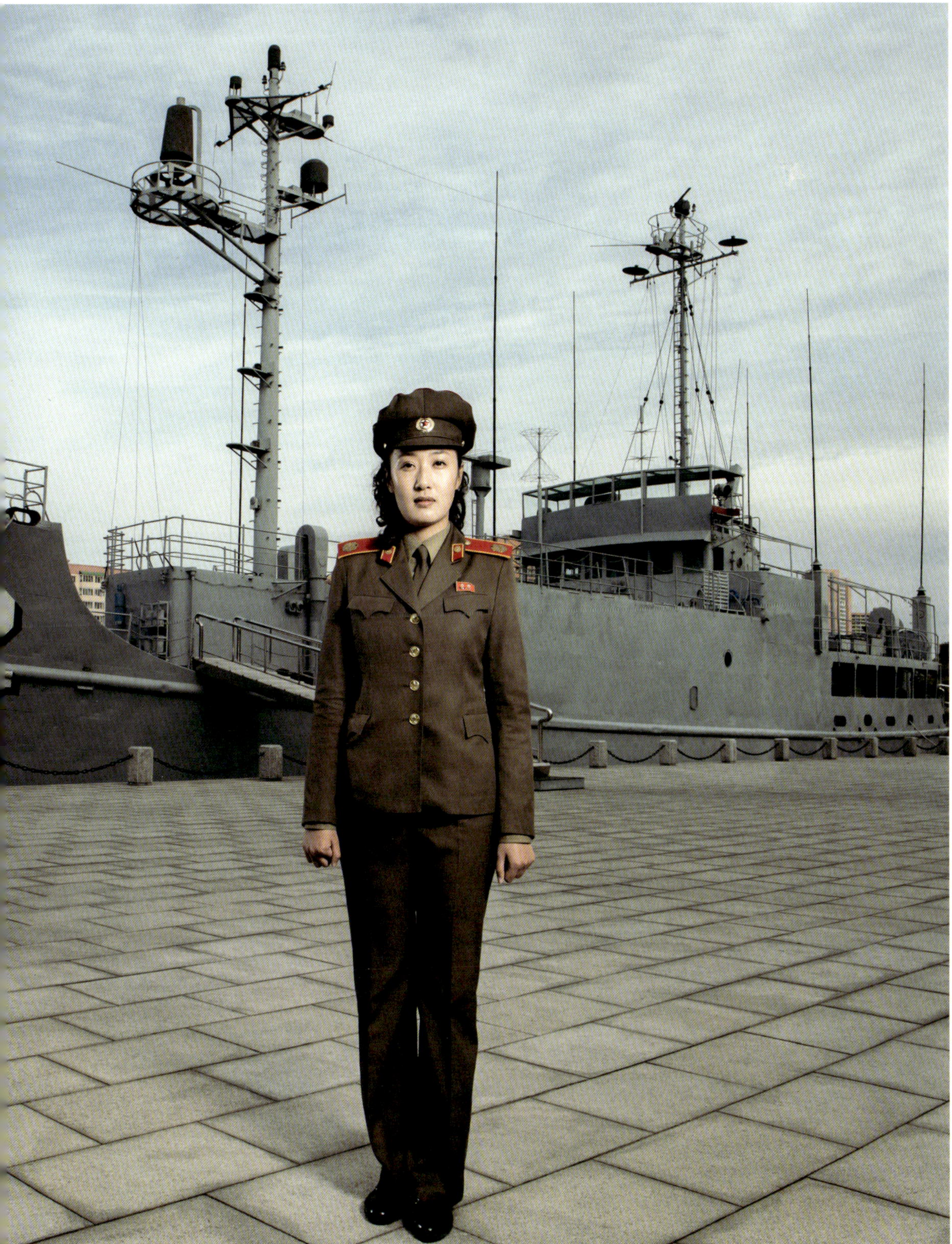

La Grande Maison des études du peuple. Pyongyang
The Grand People's Study House. Pyongyang

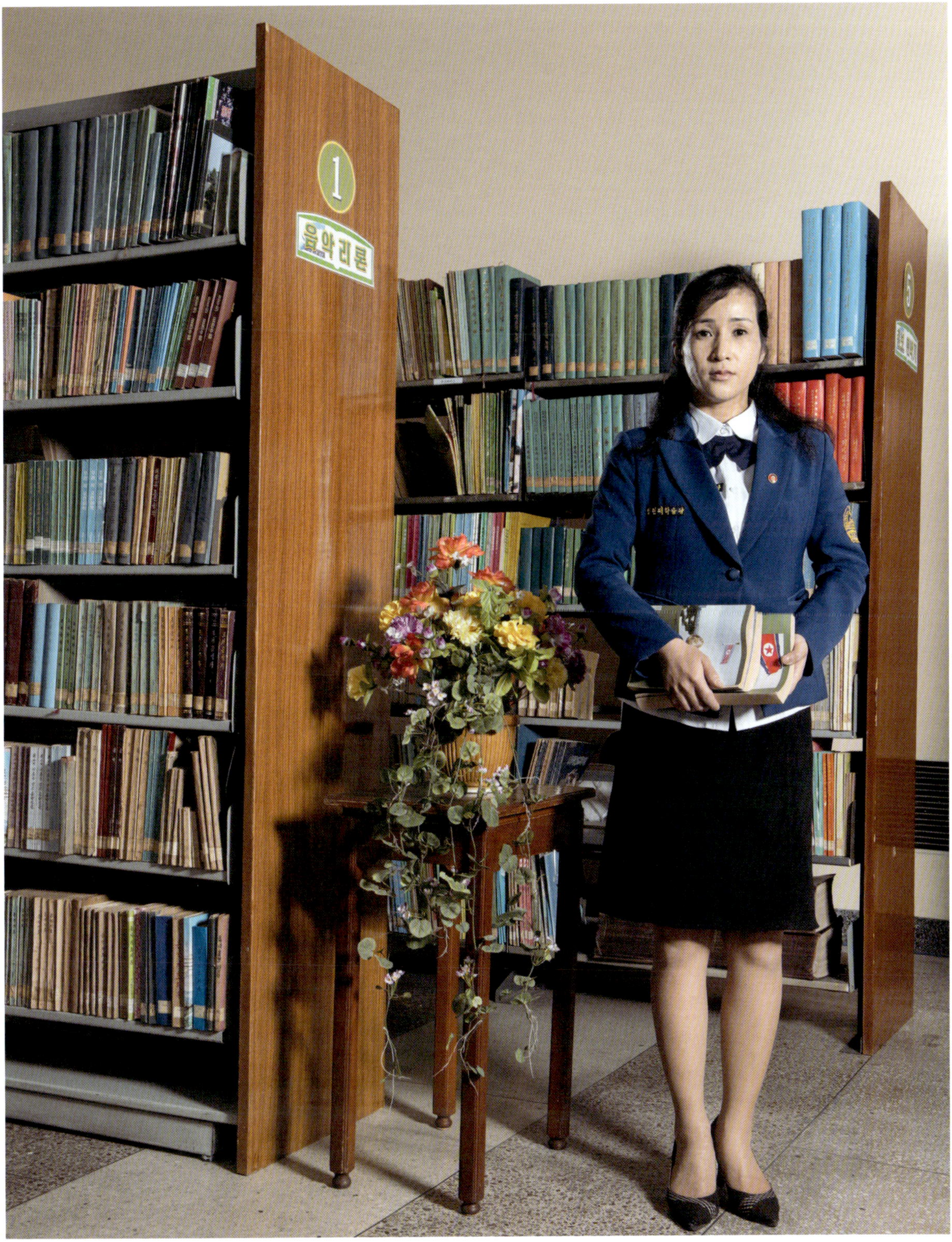
1
음악리론

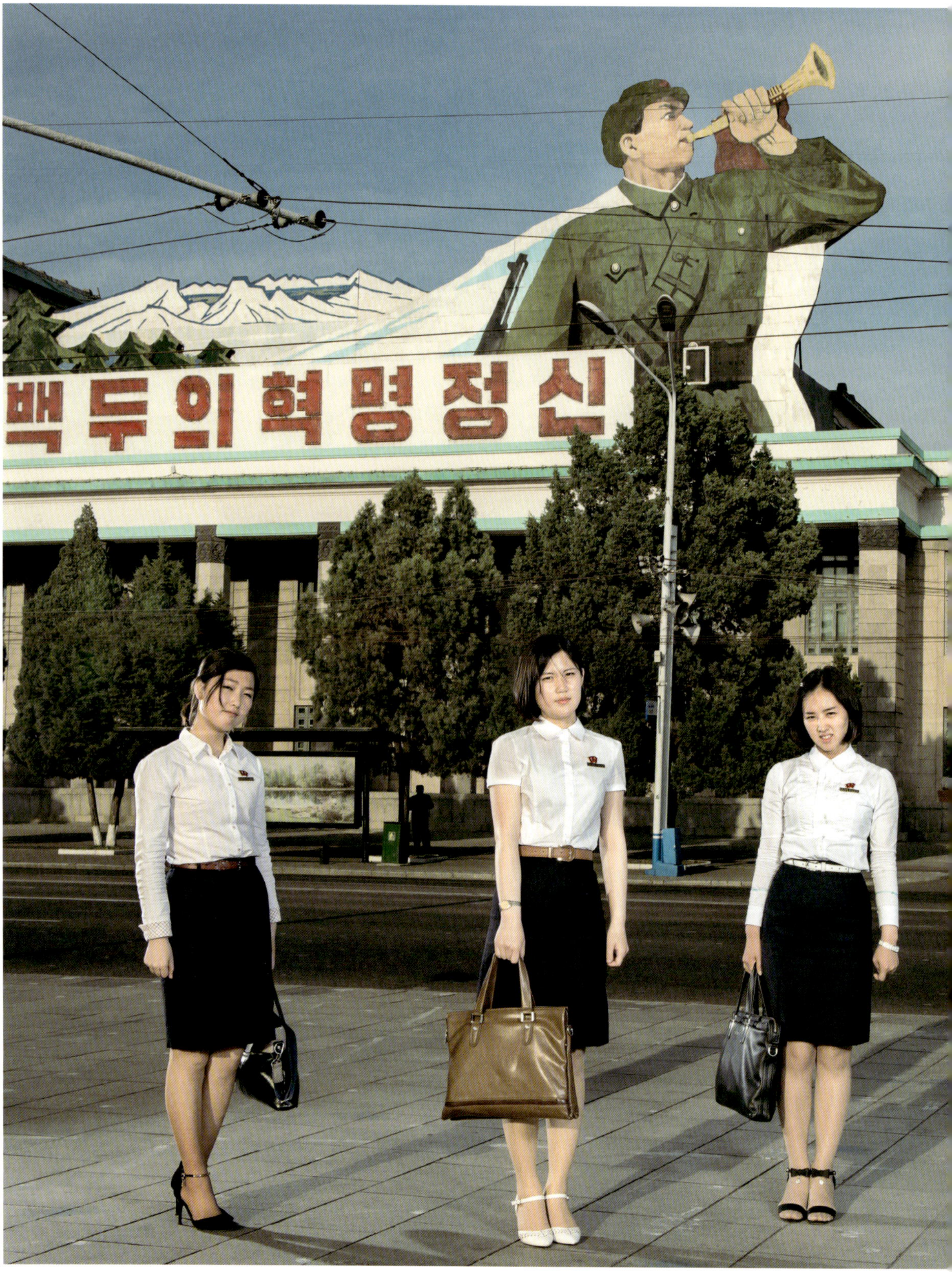
백두의혁명정신

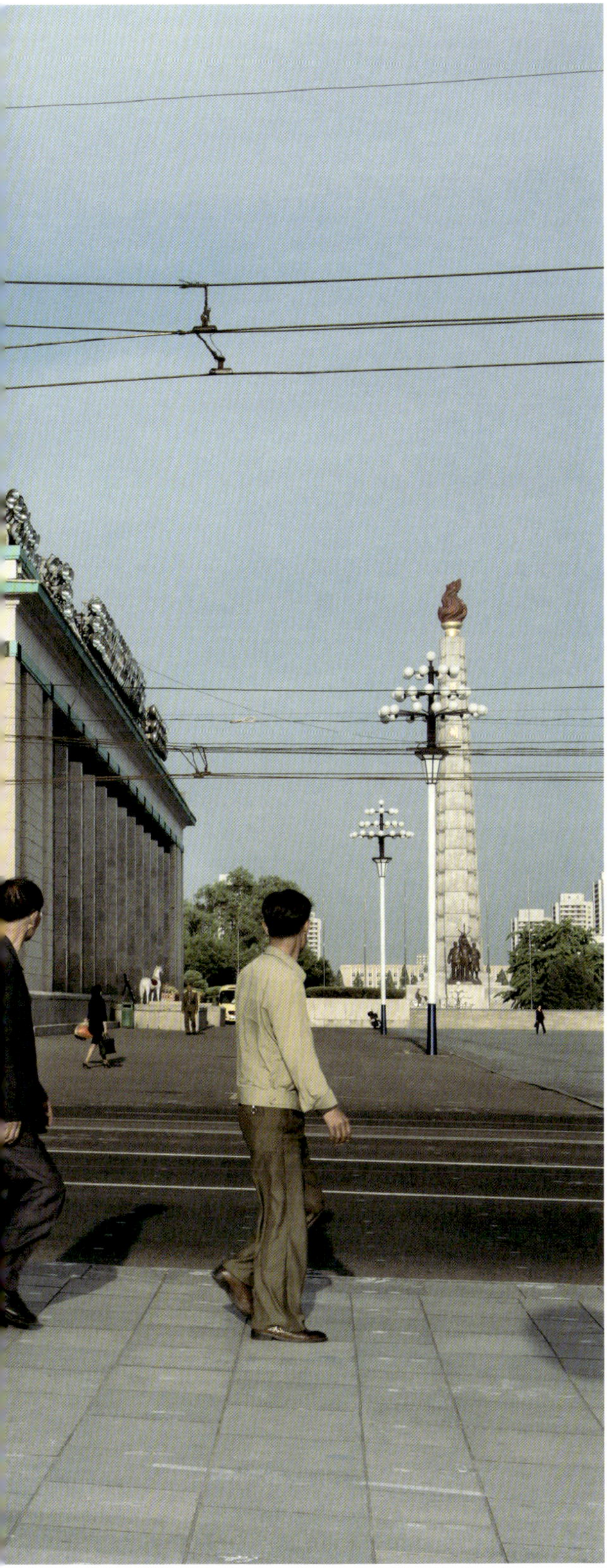

Étudiantes sur la place Kim Il-sung.
Pyongyang
Students on Kim Il-sung Square. Pyongyang

—

Un couple de jeunes mariés devant un monument militaire près de la statue du “grand leader généralissime Kim Il-sung et du grand leader généralissime Kim Jong-il”. Pyongyang

Newlyweds in front of a military monument near the statue of the Great Leader Generalissimo Kim Il-sung and the Great Leader Generalissimo Kim Jong-il. Pyongyang

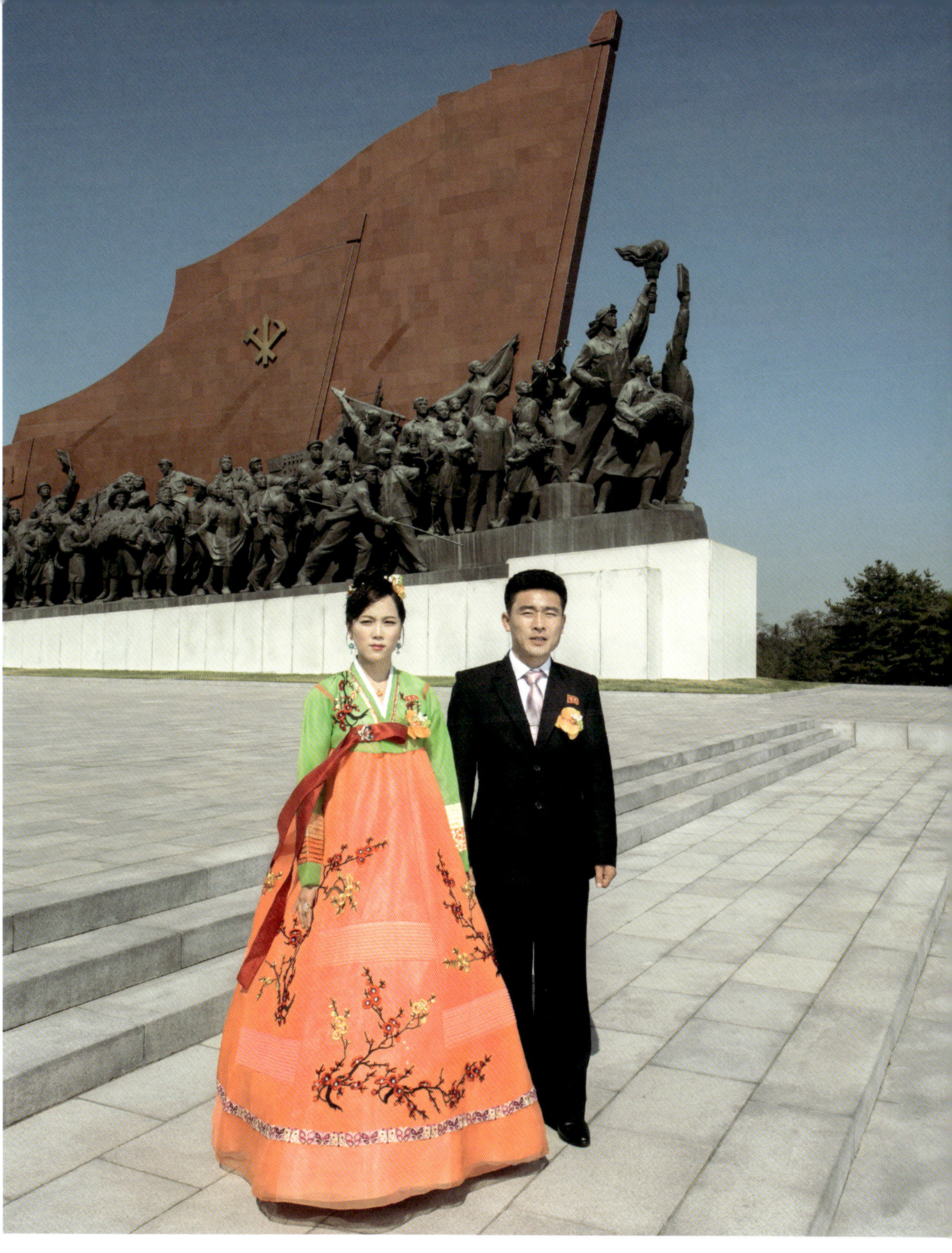

—

Le parc Mansudae. Pyongyang

Mansudae Park. Pyongyang

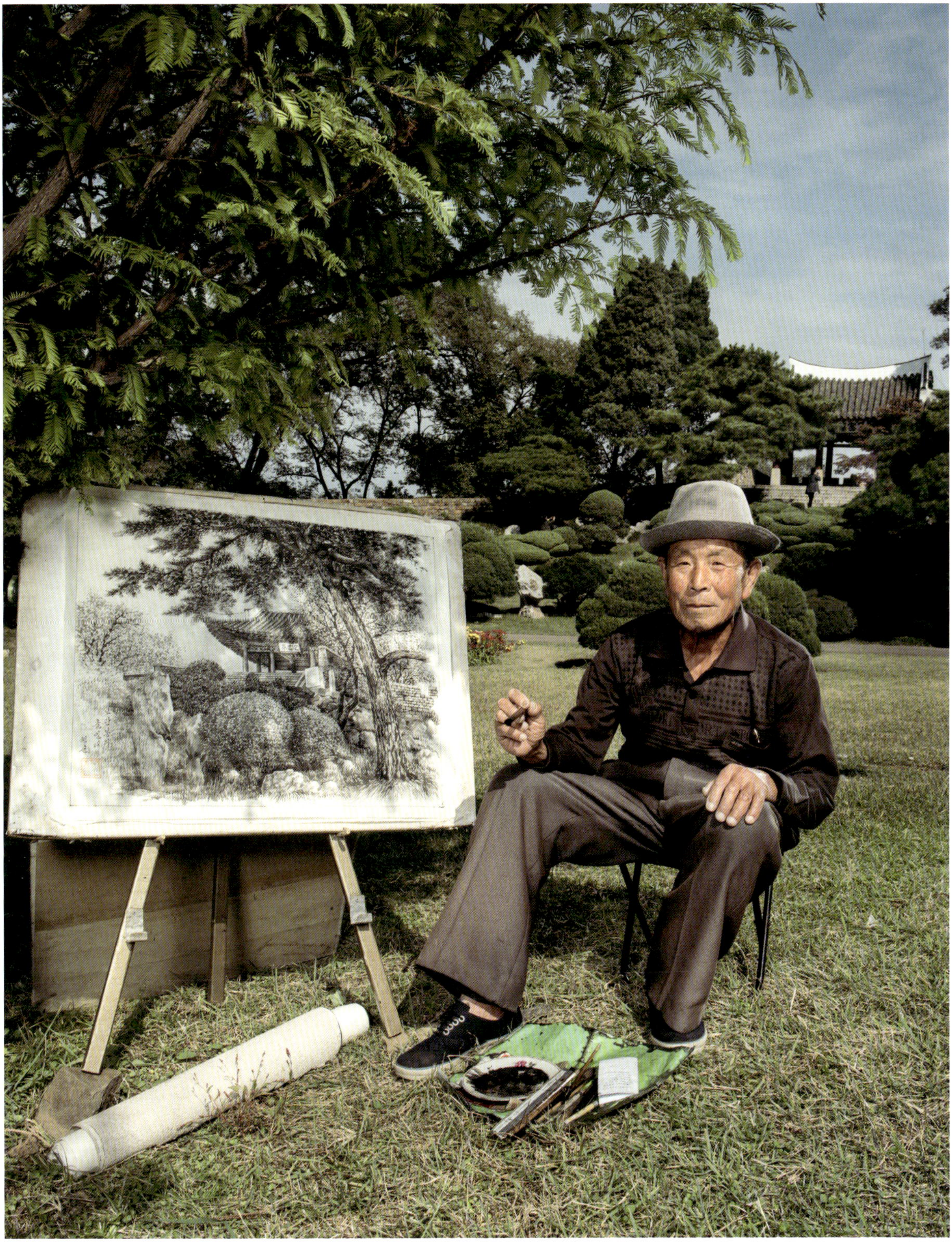

—

Conducteur de tracteur de la ferme collective. Sariwon
Tractor driver on the collective farm. Sariwon

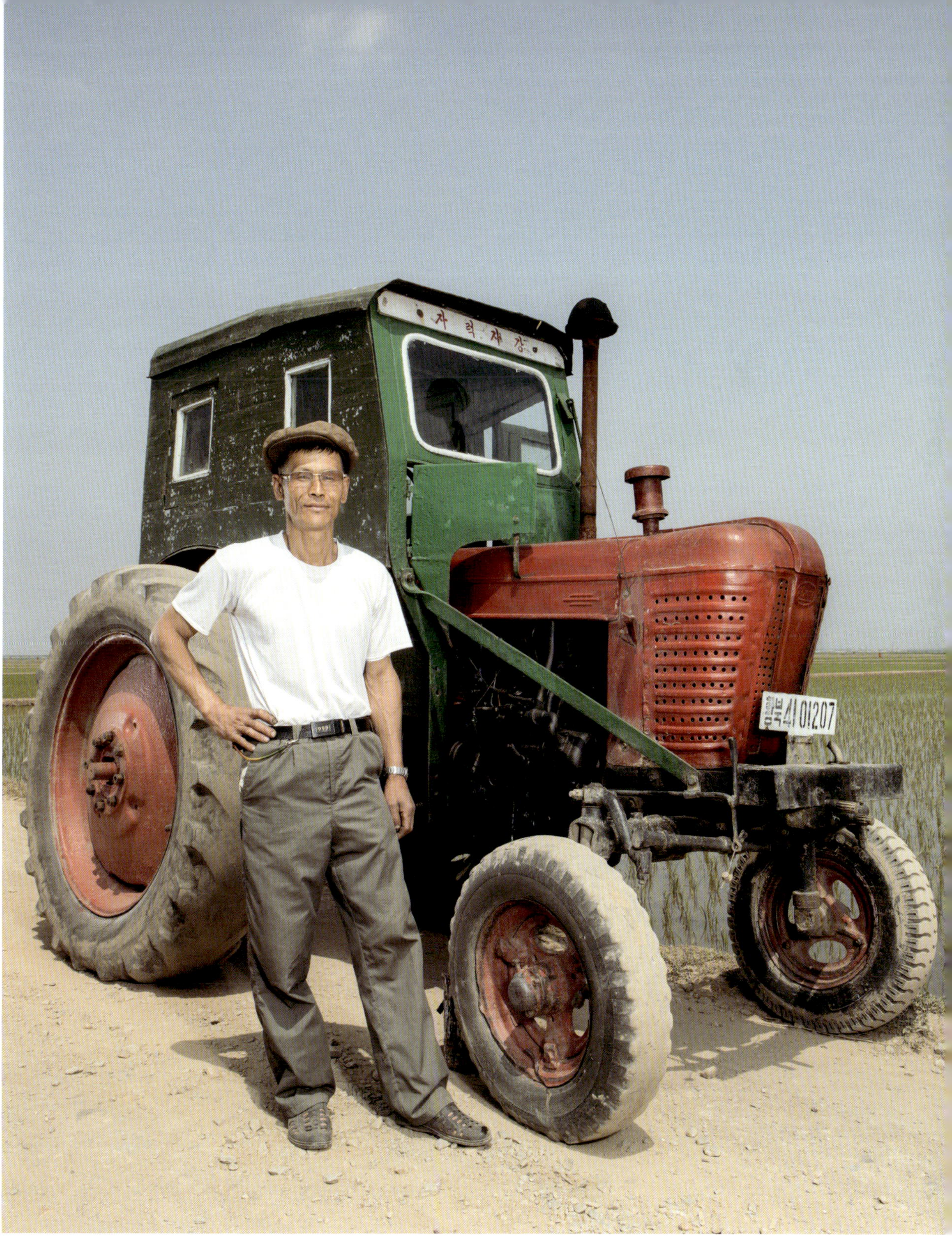
자력재강

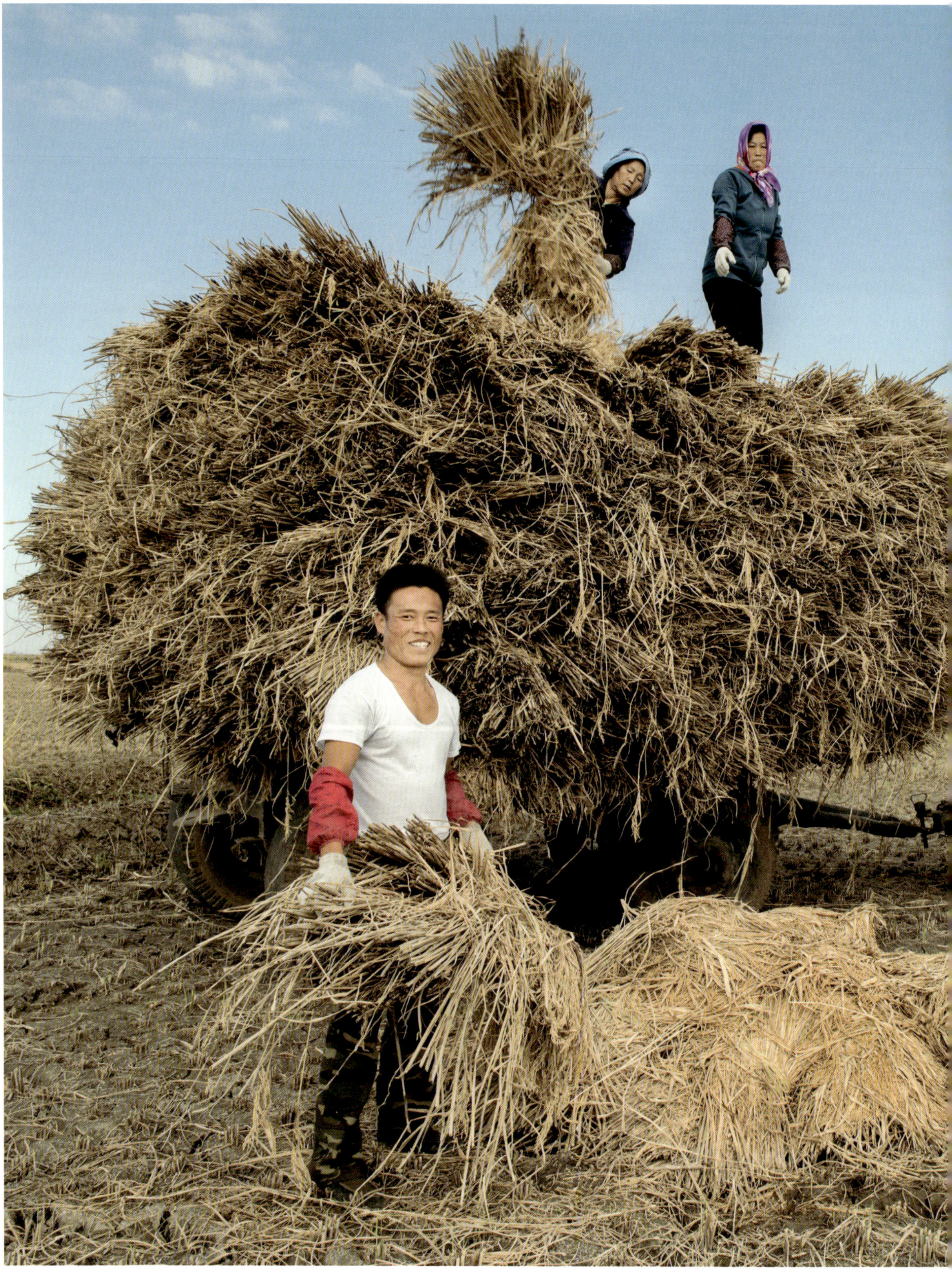

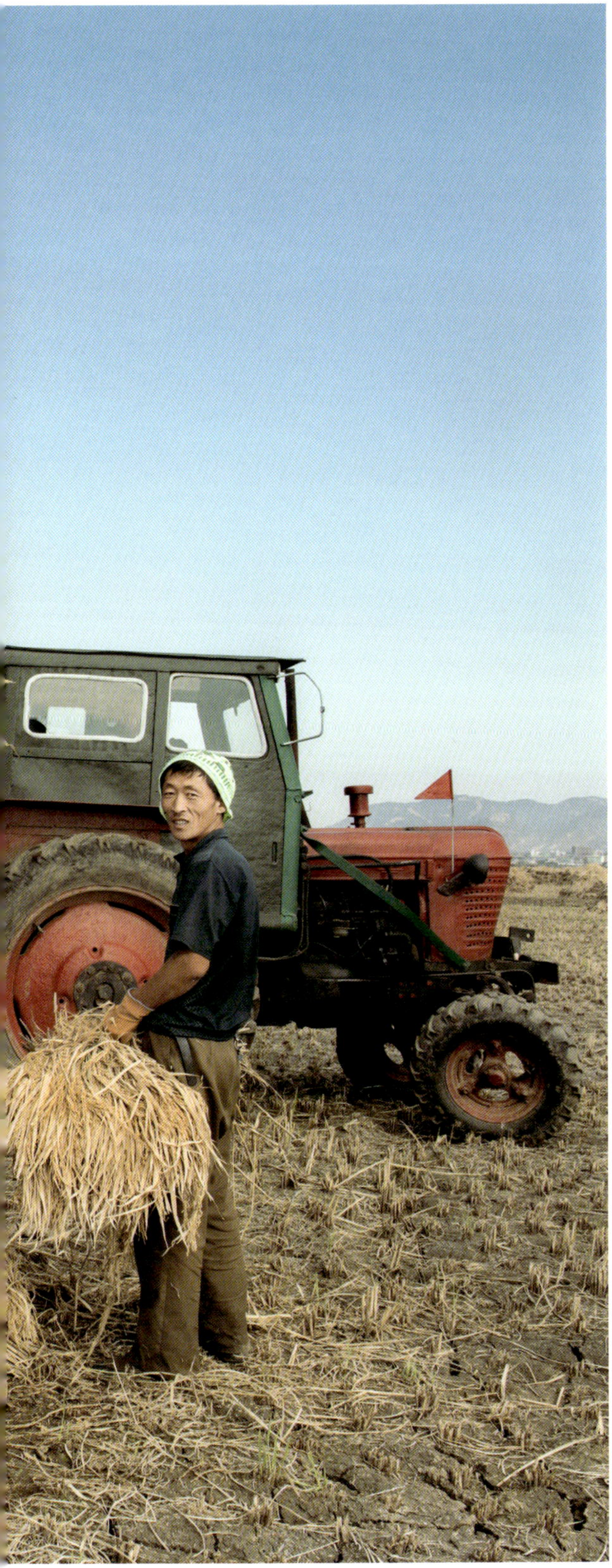

Ferme collective. Sariwon
Collective farm. Sariwon

Paysanne et son fils. Près de Sunchon
Agricultural worker and her son. Near Sunchon

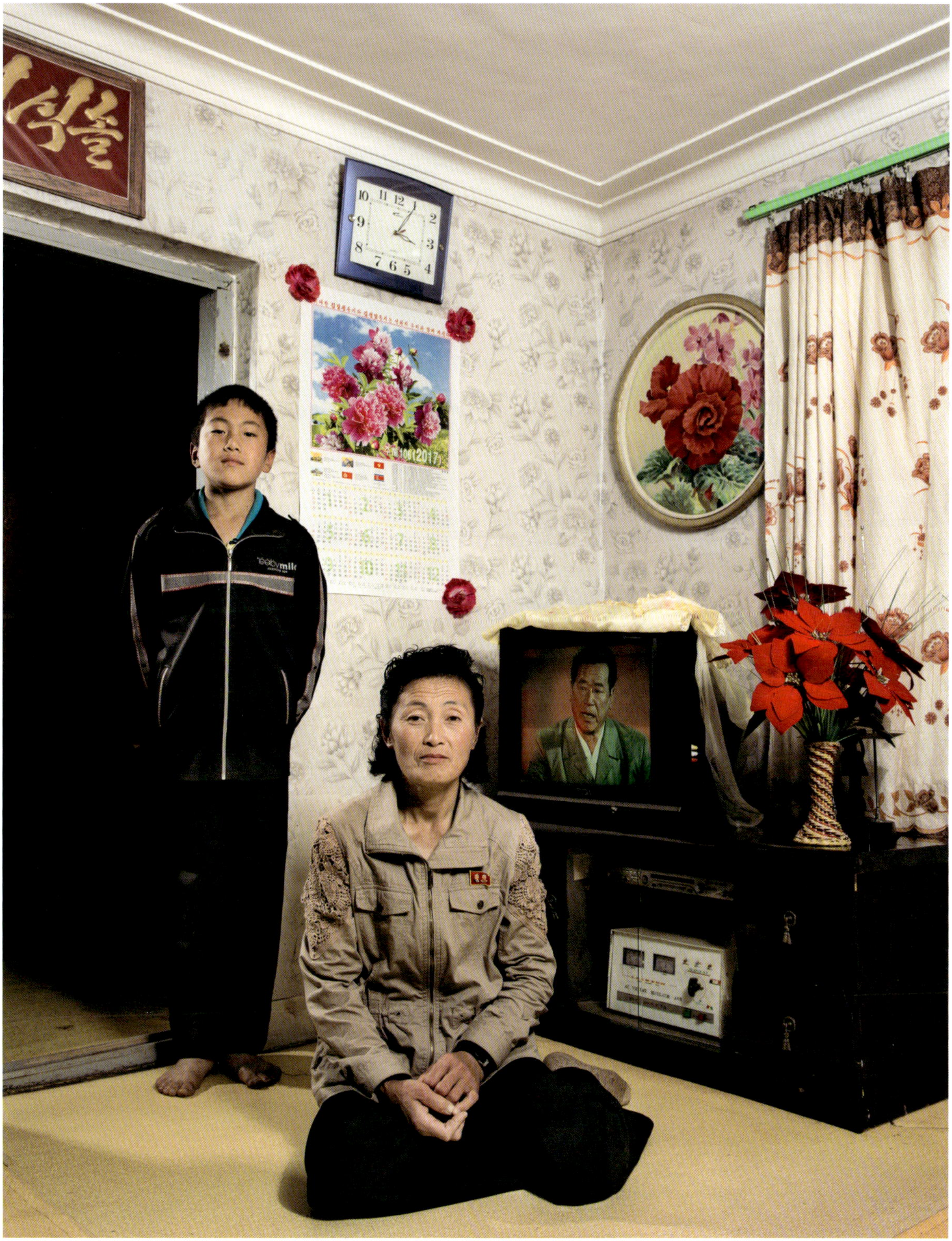

—

Récolte du riz dans la ferme collective. Sariwon
The rice harvest on the collective farm. Sariwon

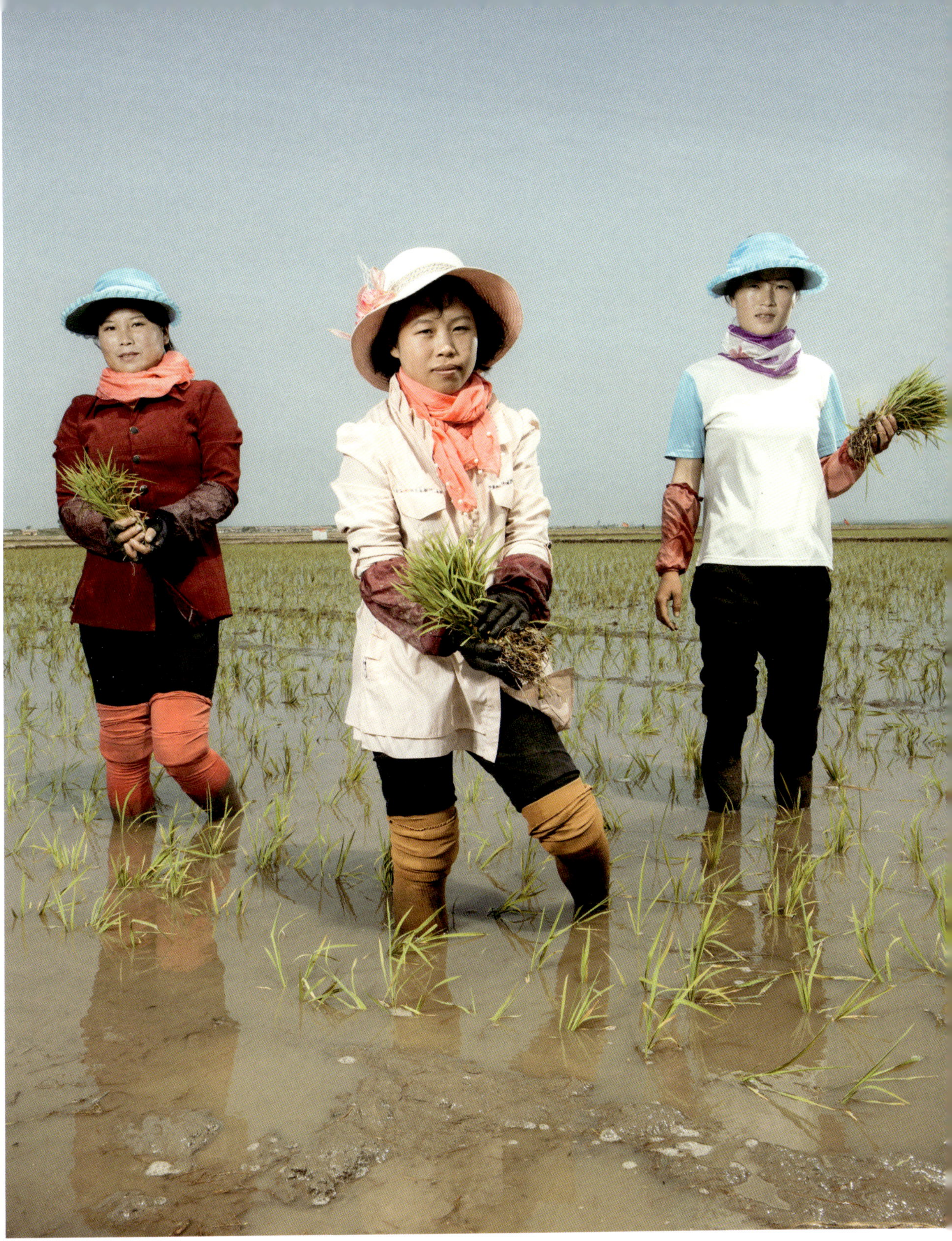

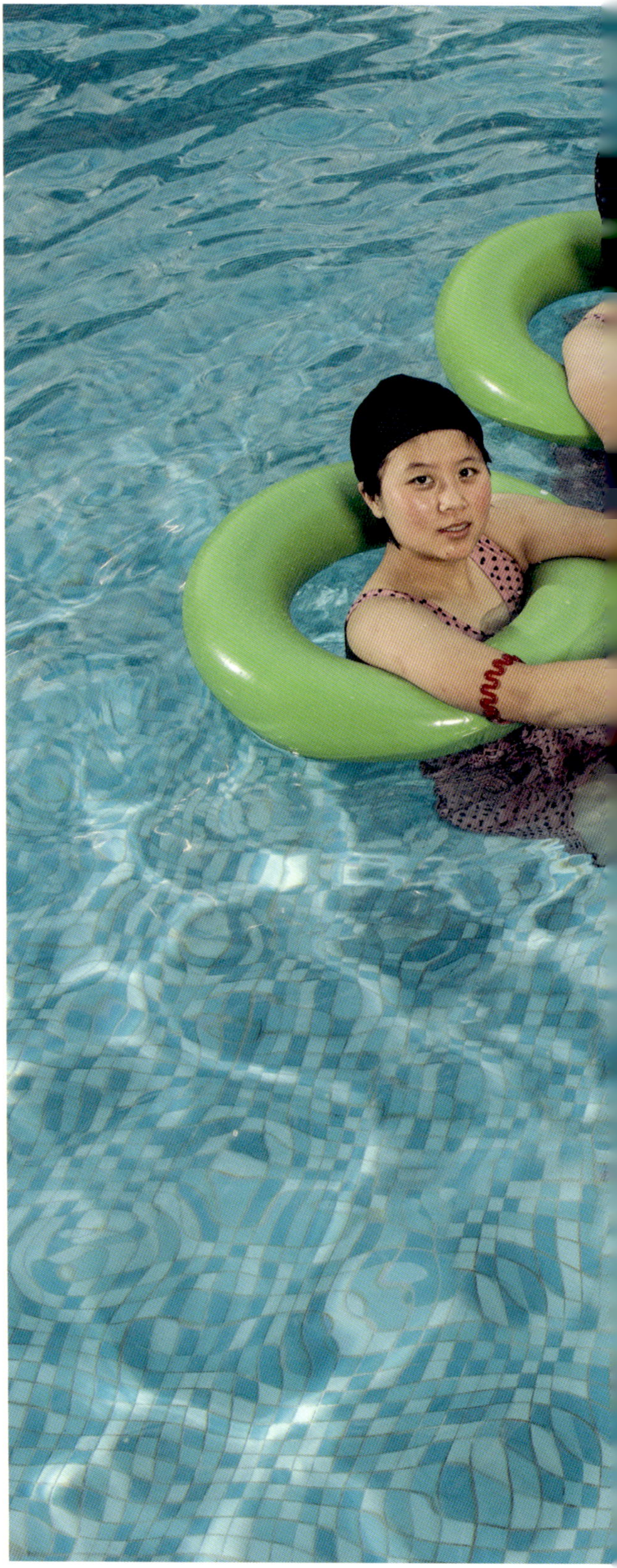

Ouvrières à la piscine de l'usine agroalimentaire Mangyondae. Pyongyang
Workers in the swimming pool of the Mangyondae food factory. Pyongyang

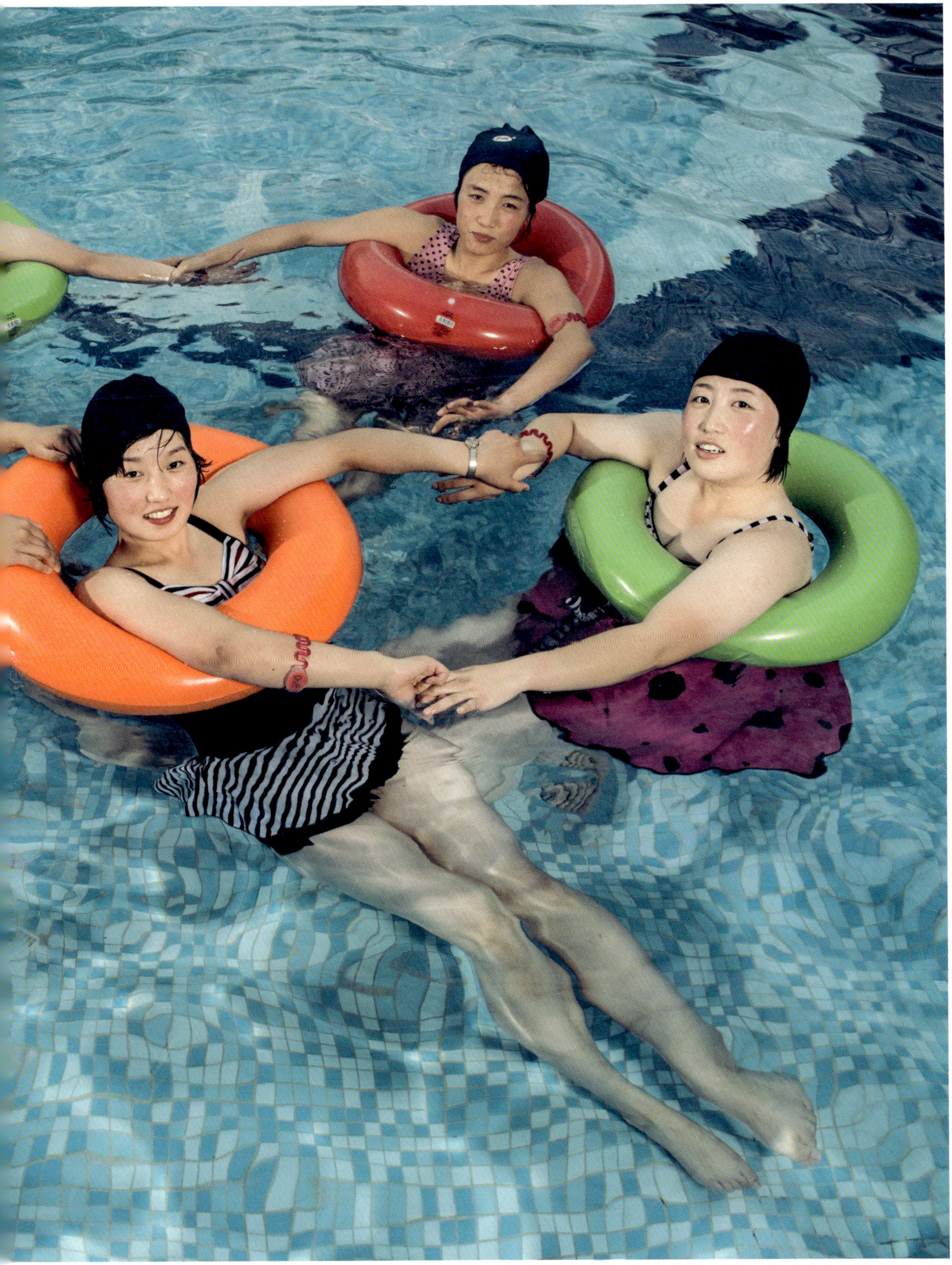

Le parc aquatique Munsu. Pyongyang
Munsu Water Park. Pyongyang

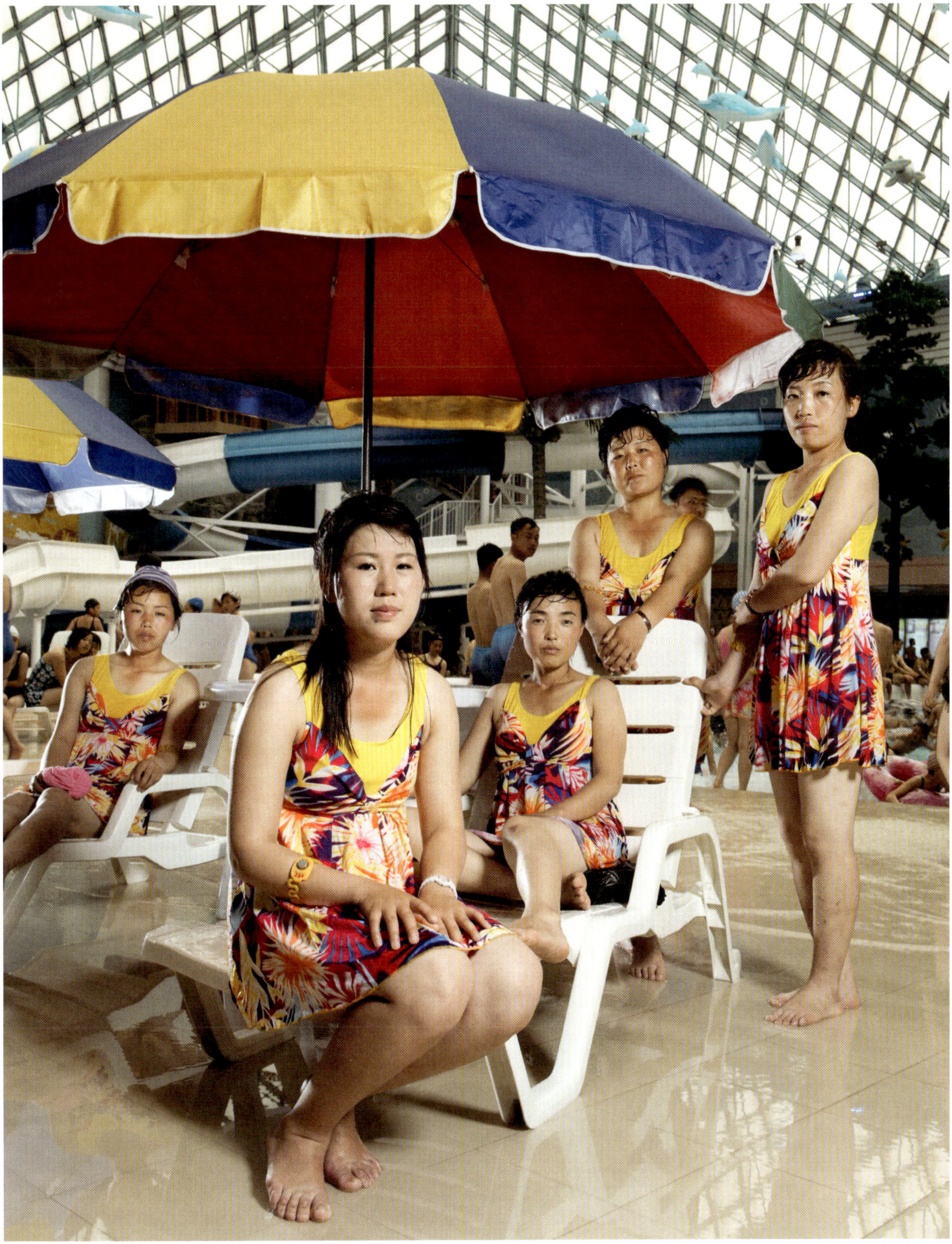

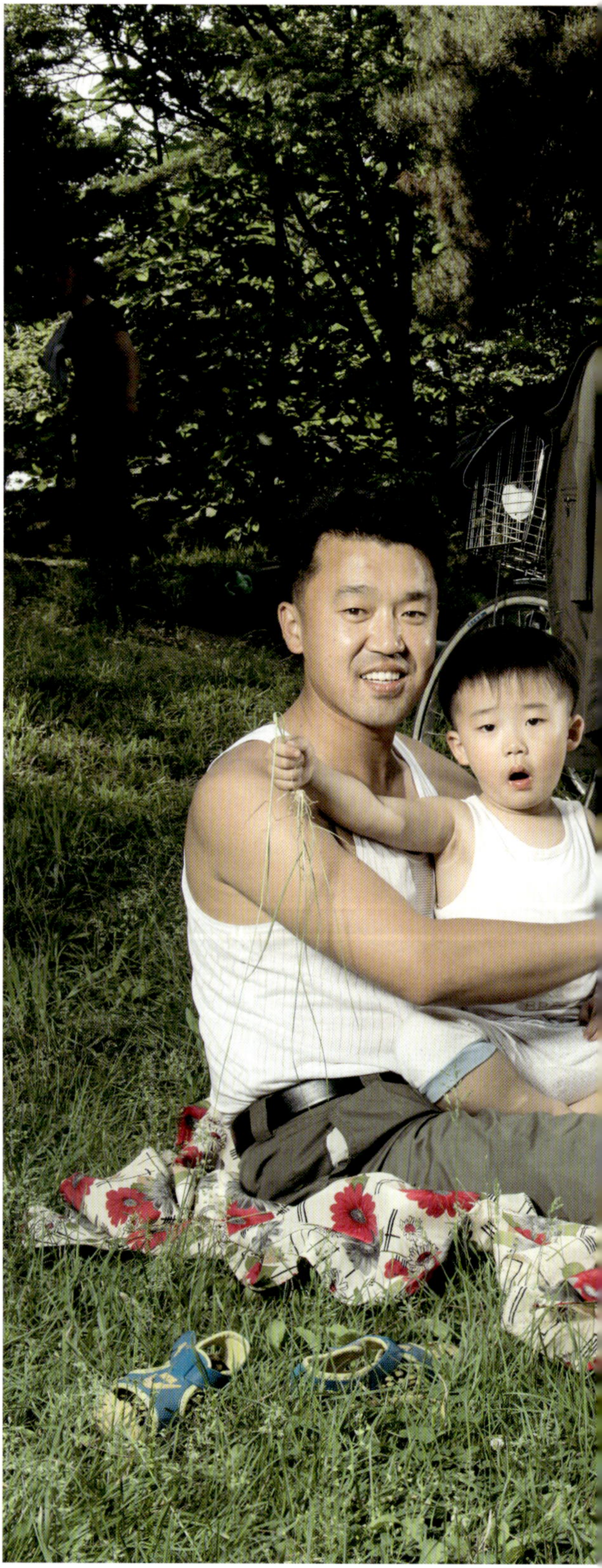

Pique-nique familial dans le parc Mansudae.
Pyongyang
A family picnic in Mansudae Park.
Pyongyang

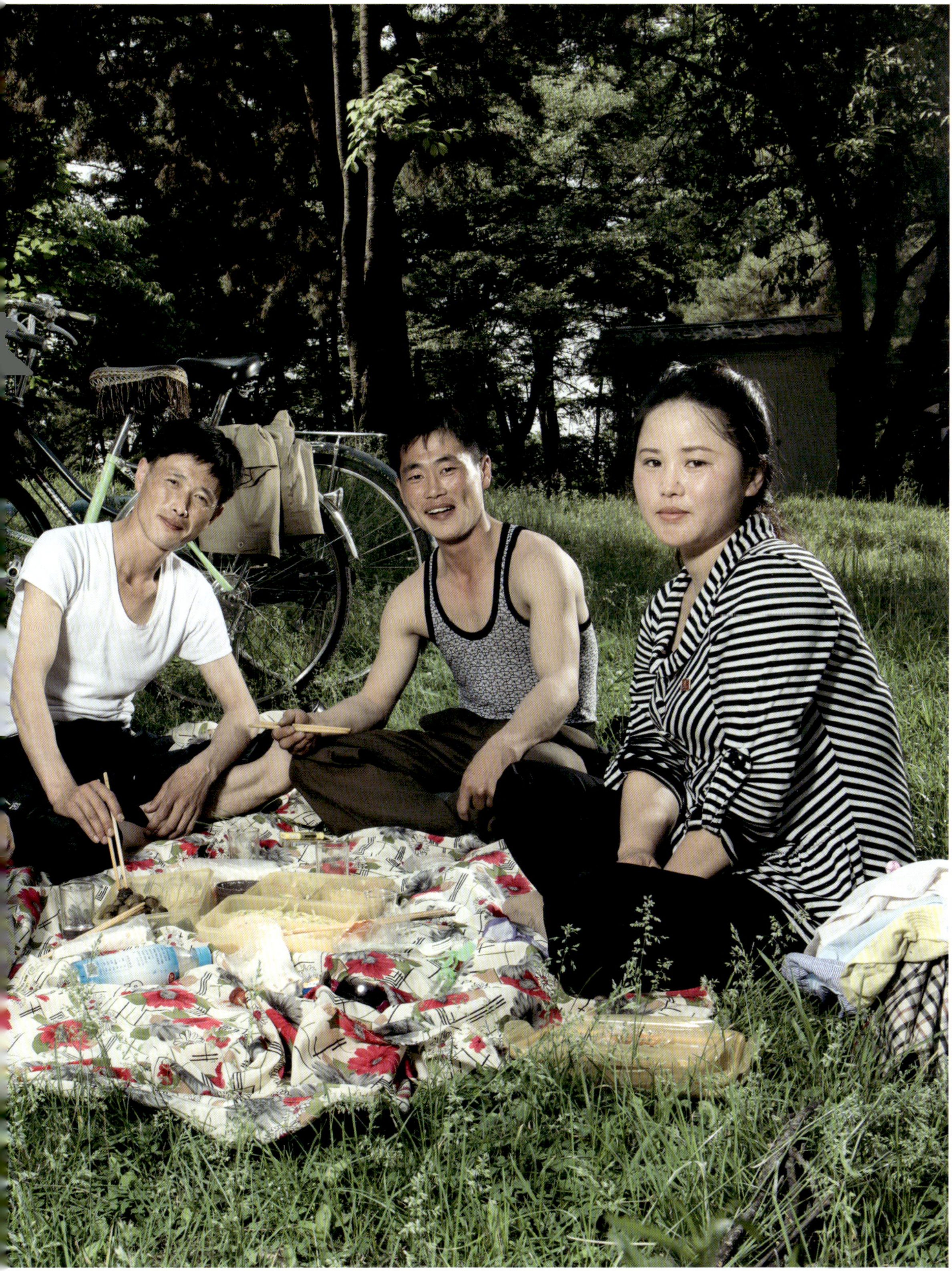

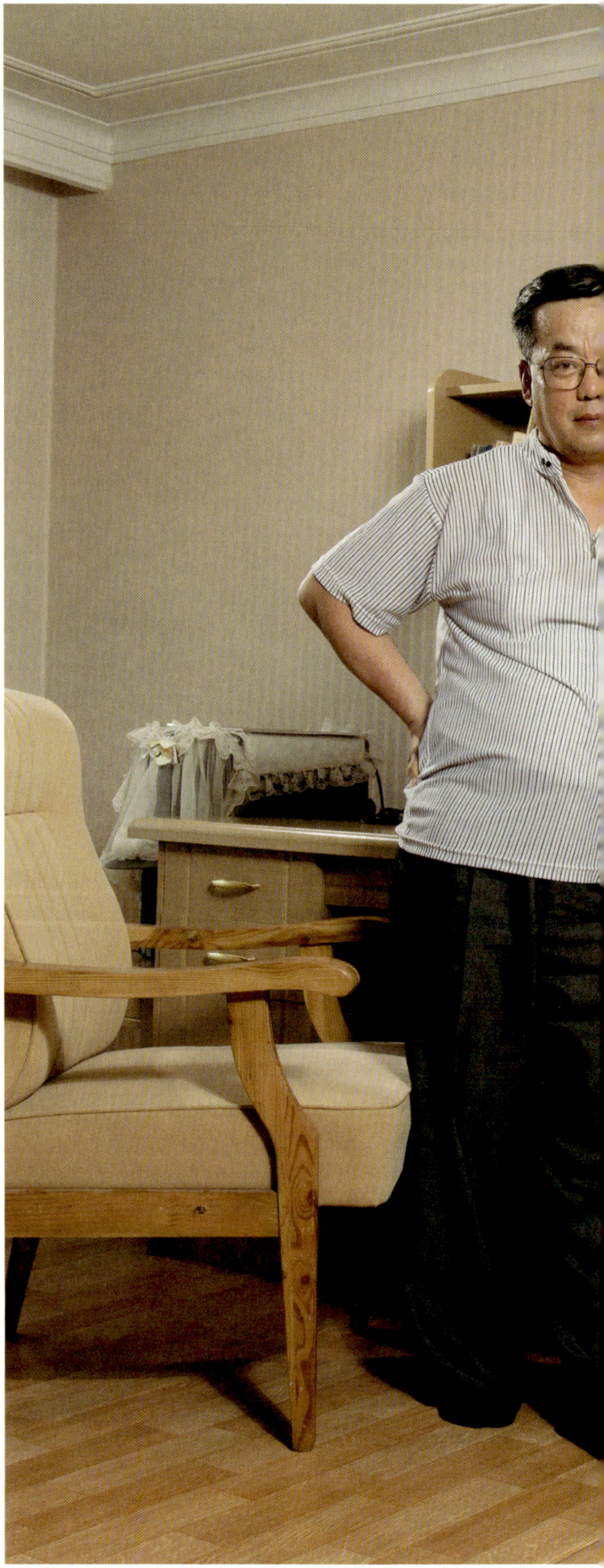

Un professeur d'université en famille chez lui. Pyongyang
The family of a university professor at home. Pyongyang

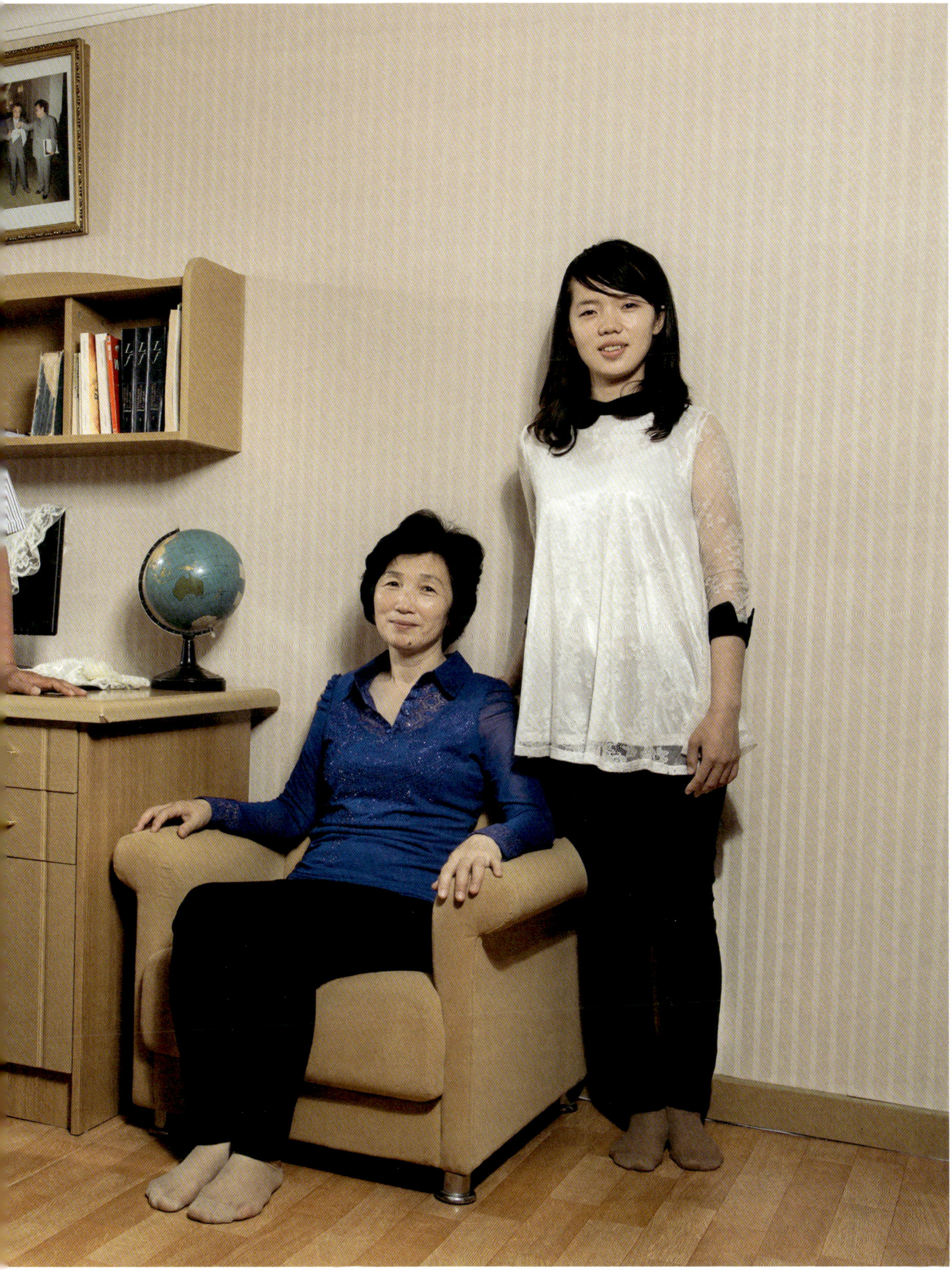

—

Le parc aquatique Munsu. Pyongyang

Munsu Water Park. Pyongyang

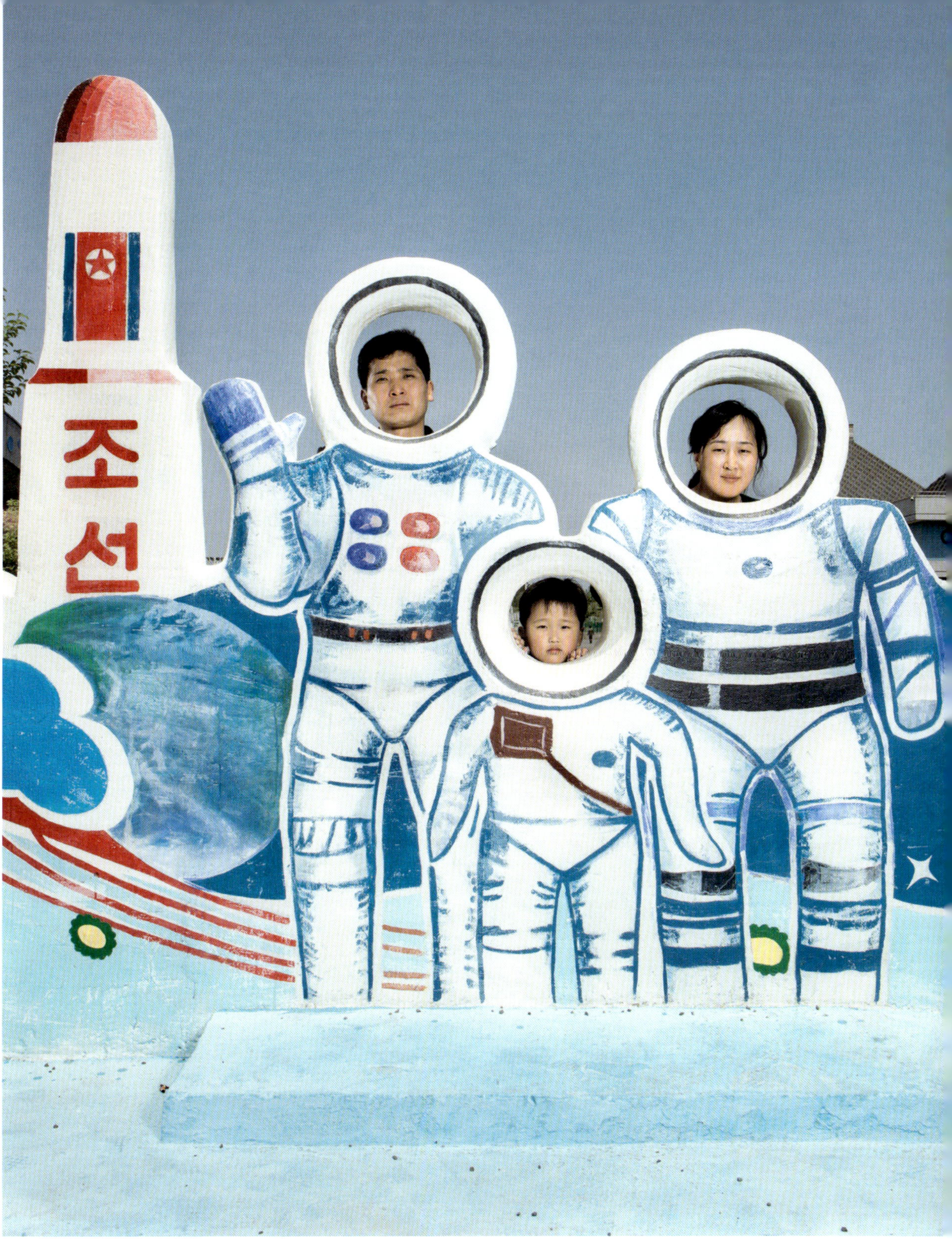
조
선

11

Le parc aquatique Munsu. Pyongyang
Munsu Water Park. Pyongyang

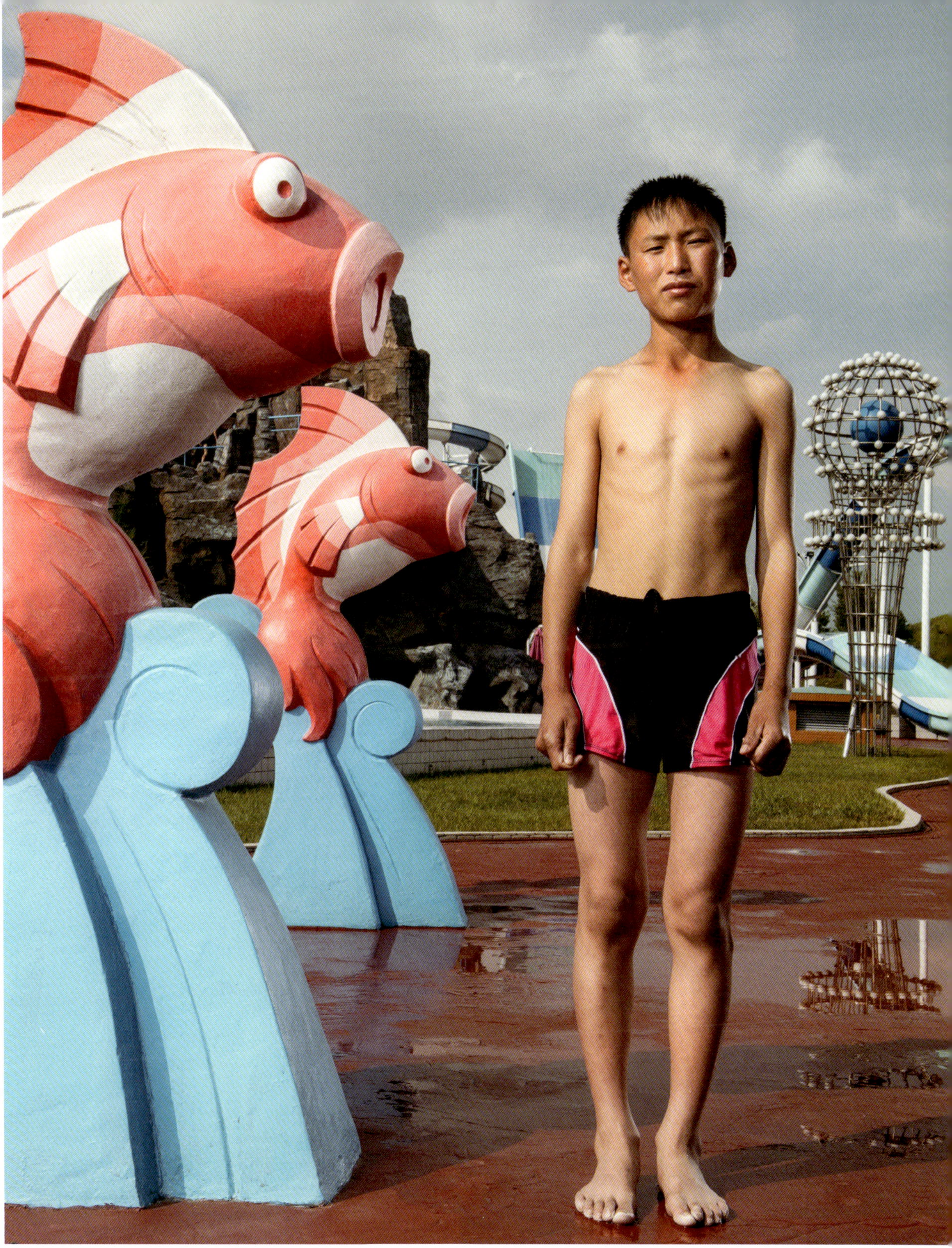

Usine de fil et câble Yu Gyong. Pyongyang
Yu Gyong wire and cable factory. Pyongyang

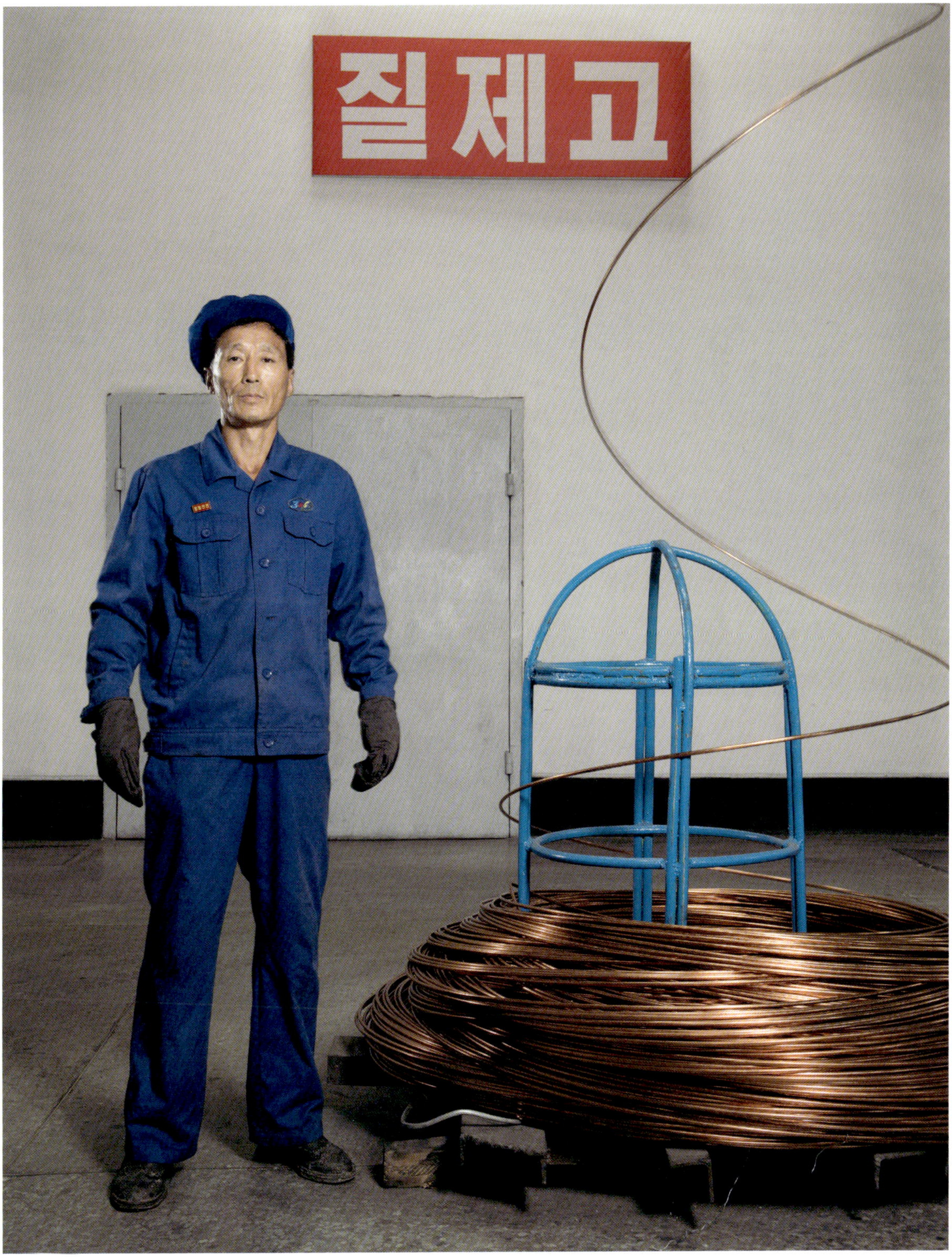
질제고

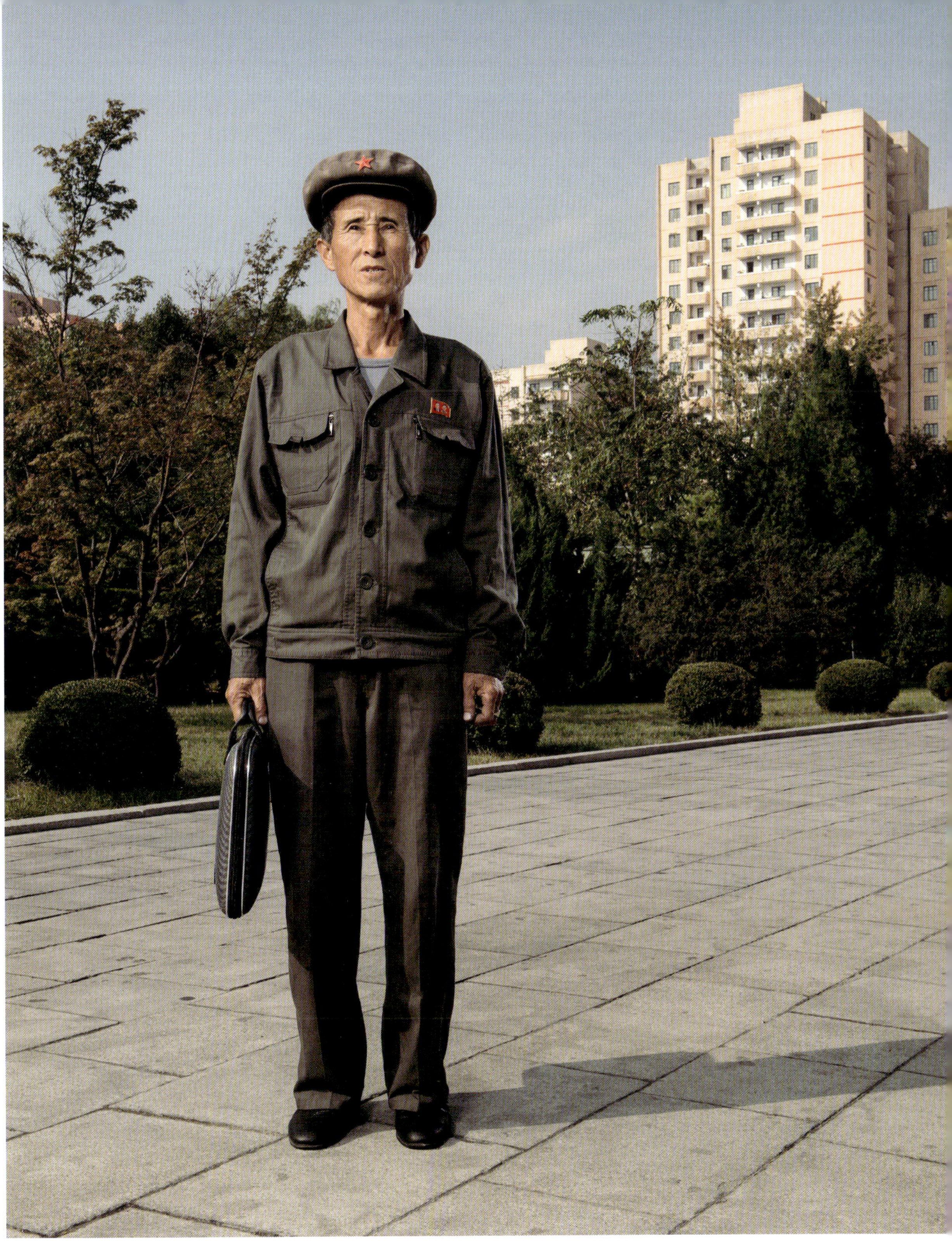

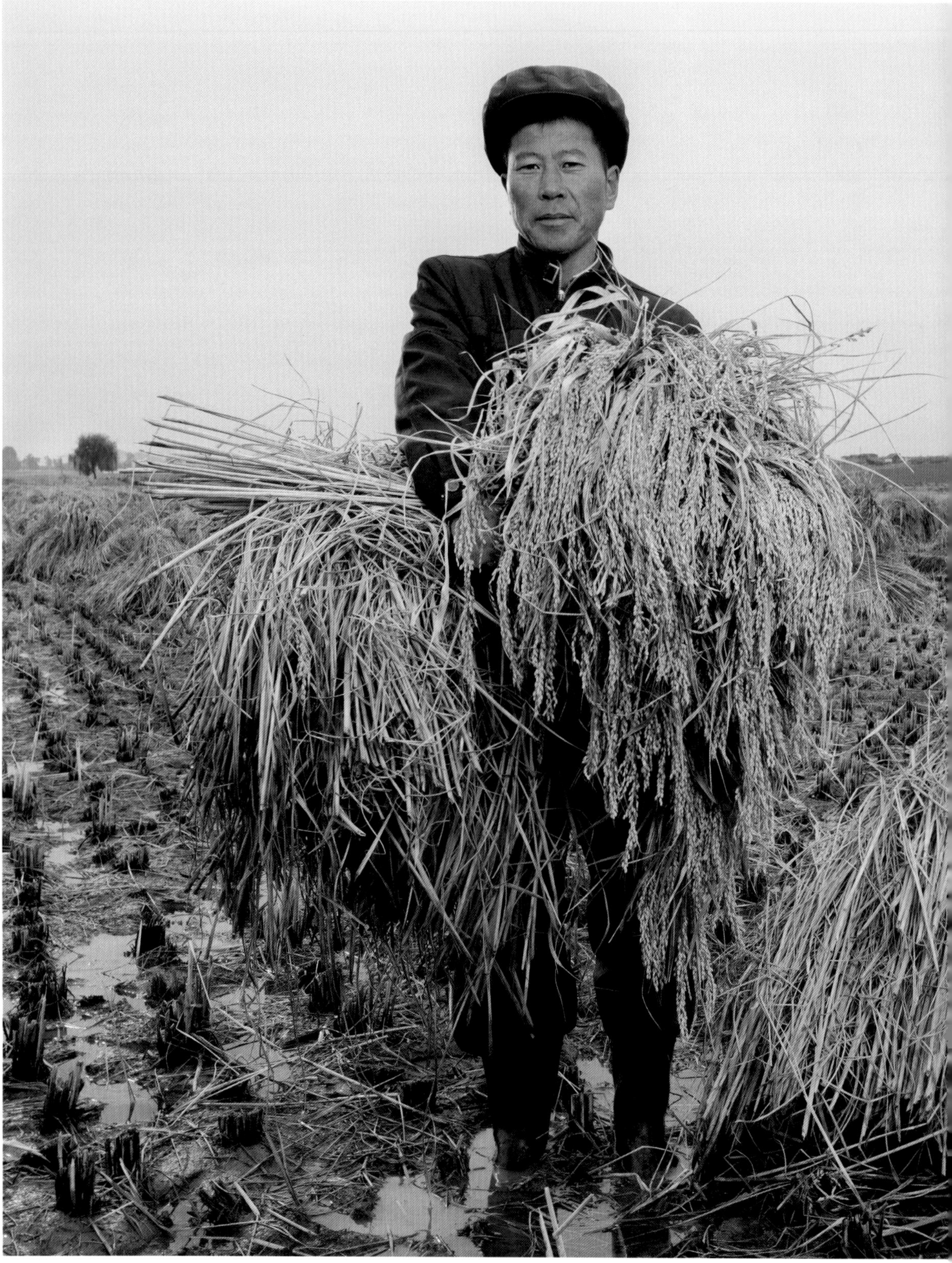

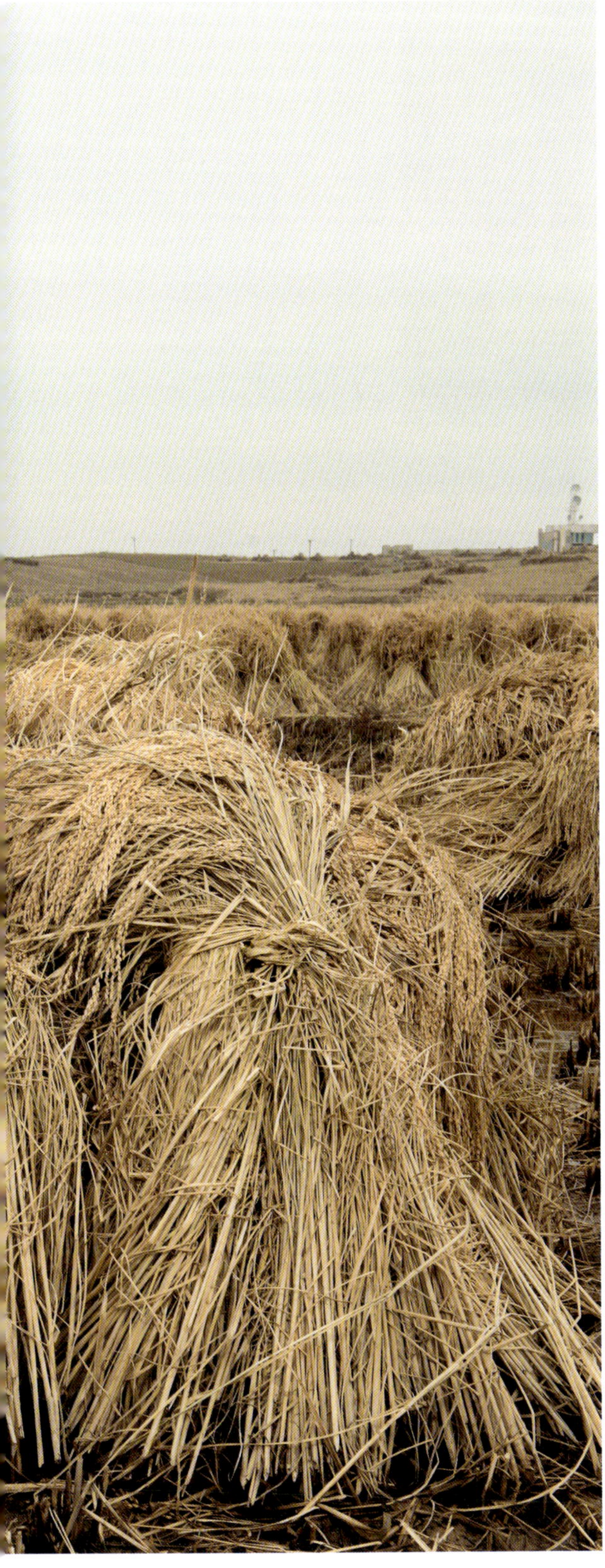

Ferme collective. Sariwon
Collective farm. Sariwon

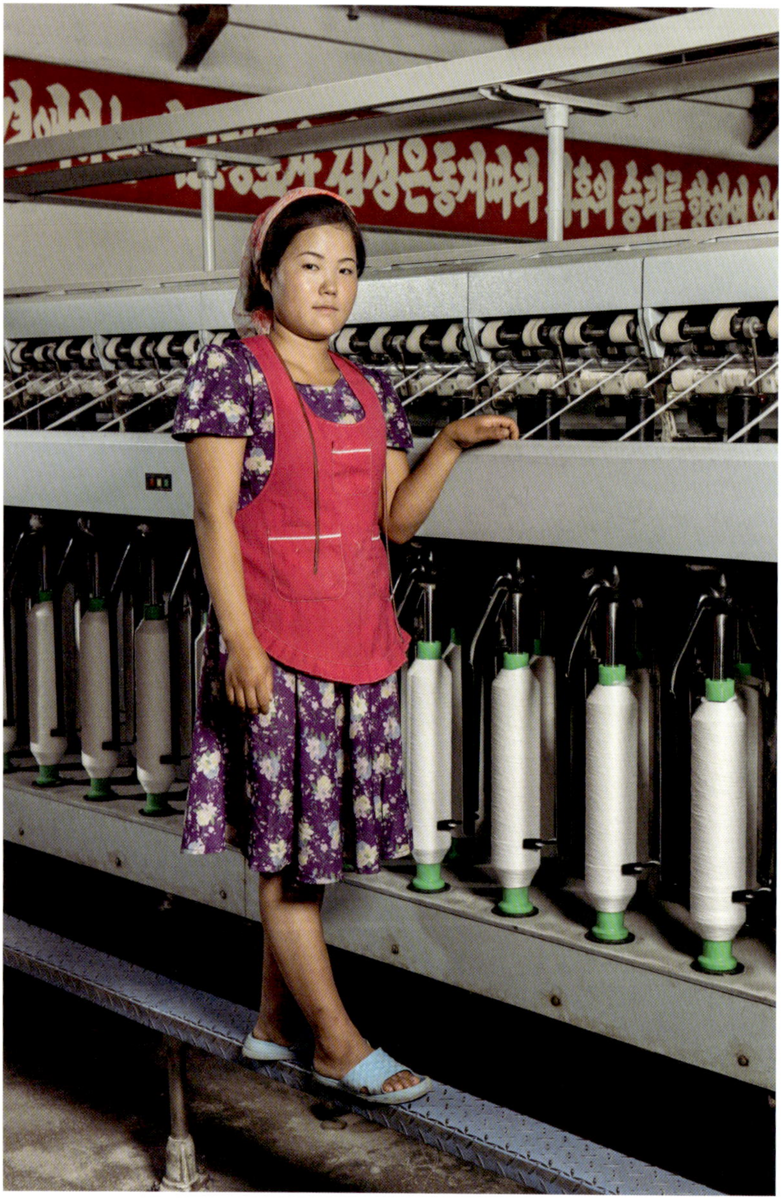

L'usine de textile Zhengsu. Pyongyang
Paysans dans une ferme collective. Sariwon
Zhengsu textile factory. Pyongyang
Peasants on a collective farm. Sariwon

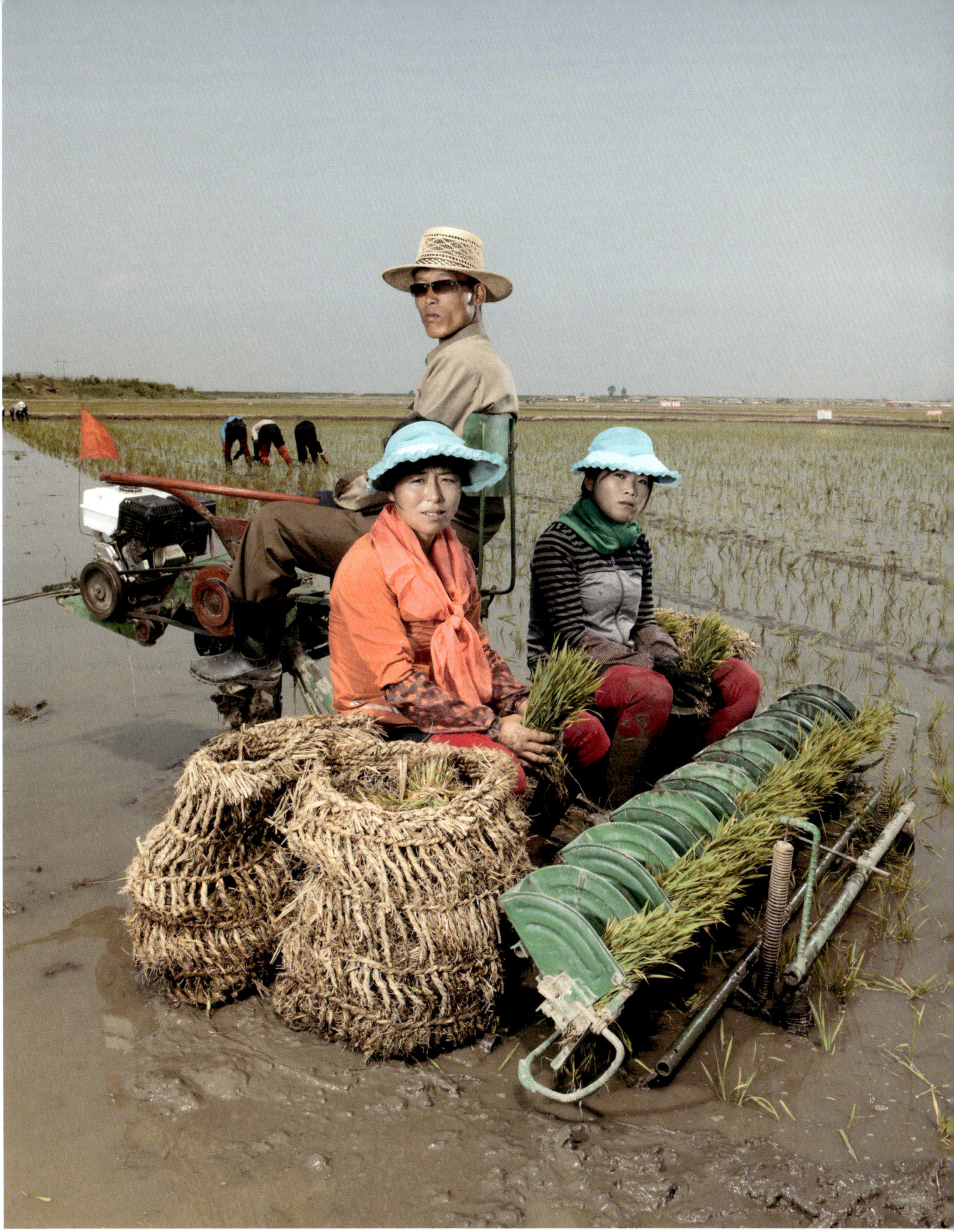

Militaires à la patinoire. Pyongyang
Soldiers at the skating rink. Pyongyang

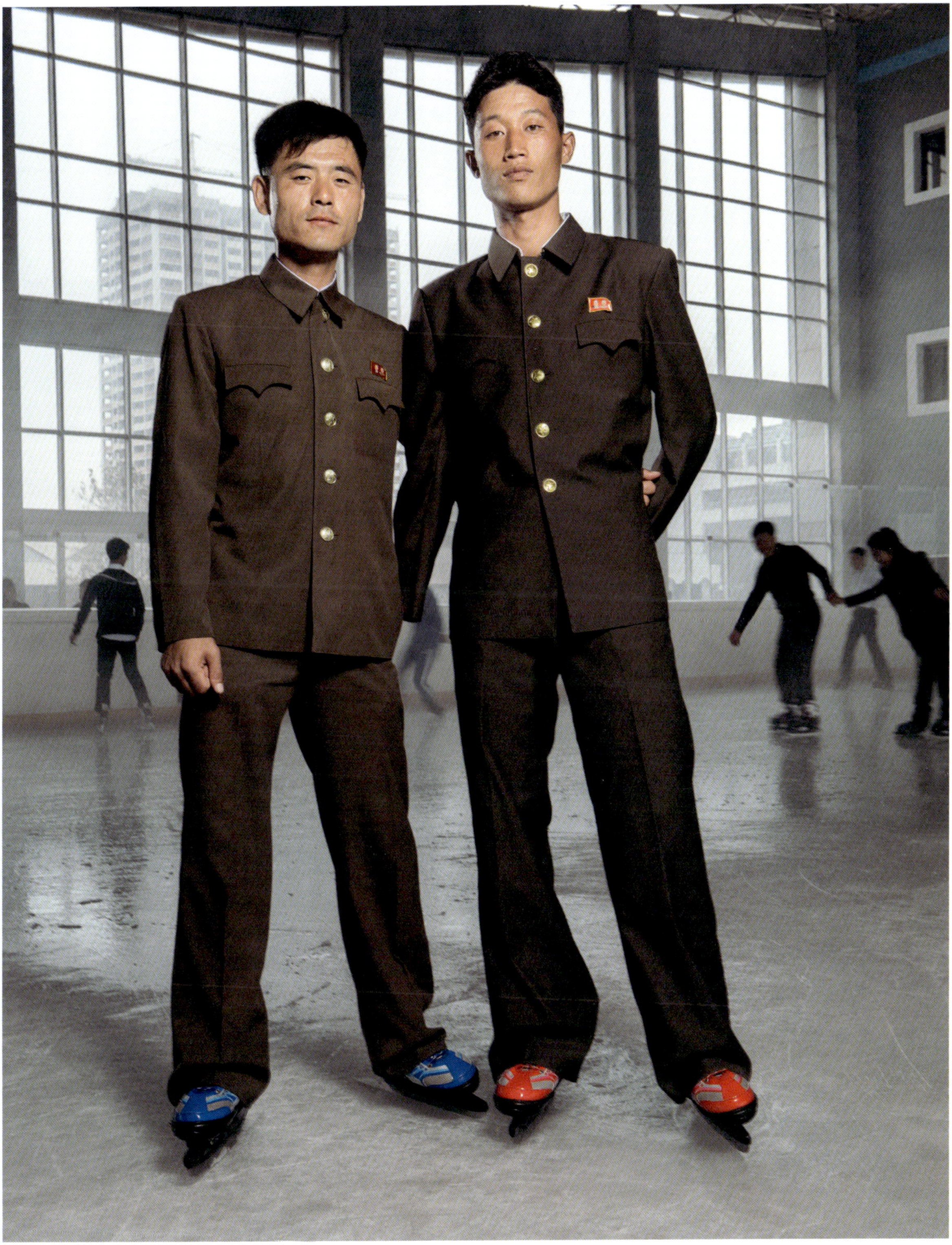

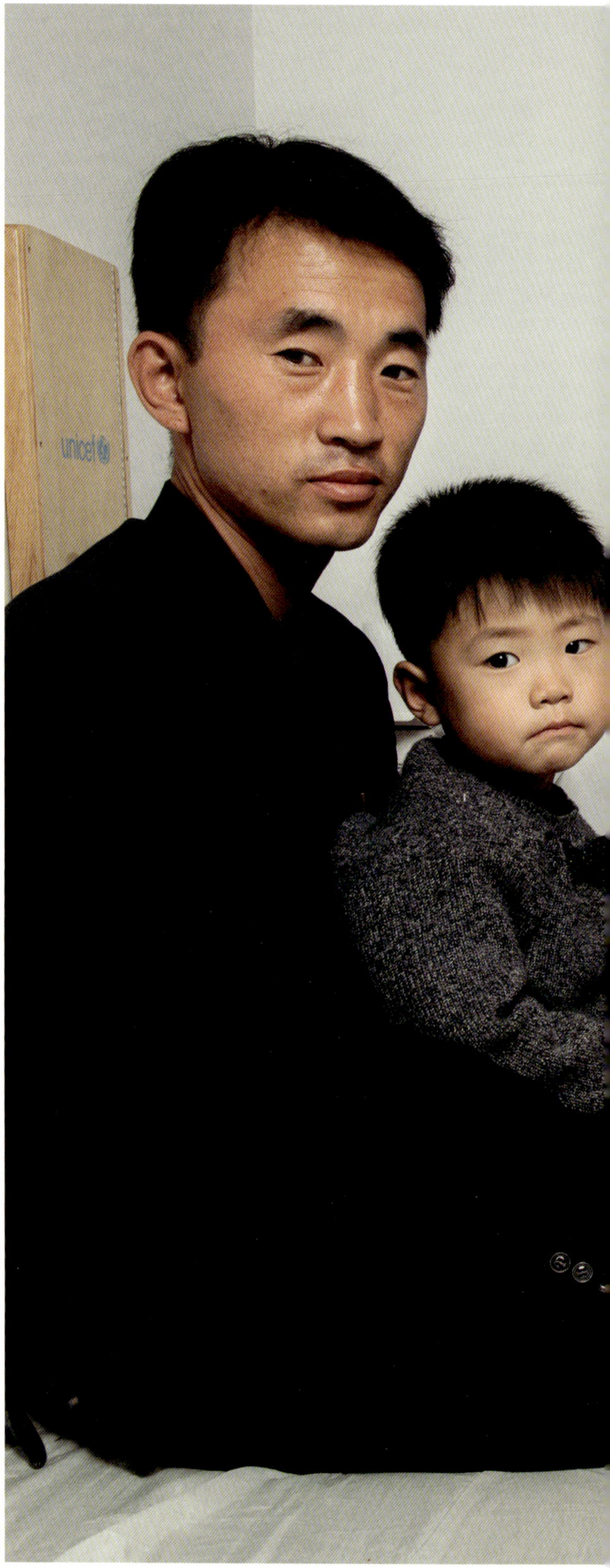

Hôpital pédiatrique. Pyongyang
Children's hospital. Pyongyang

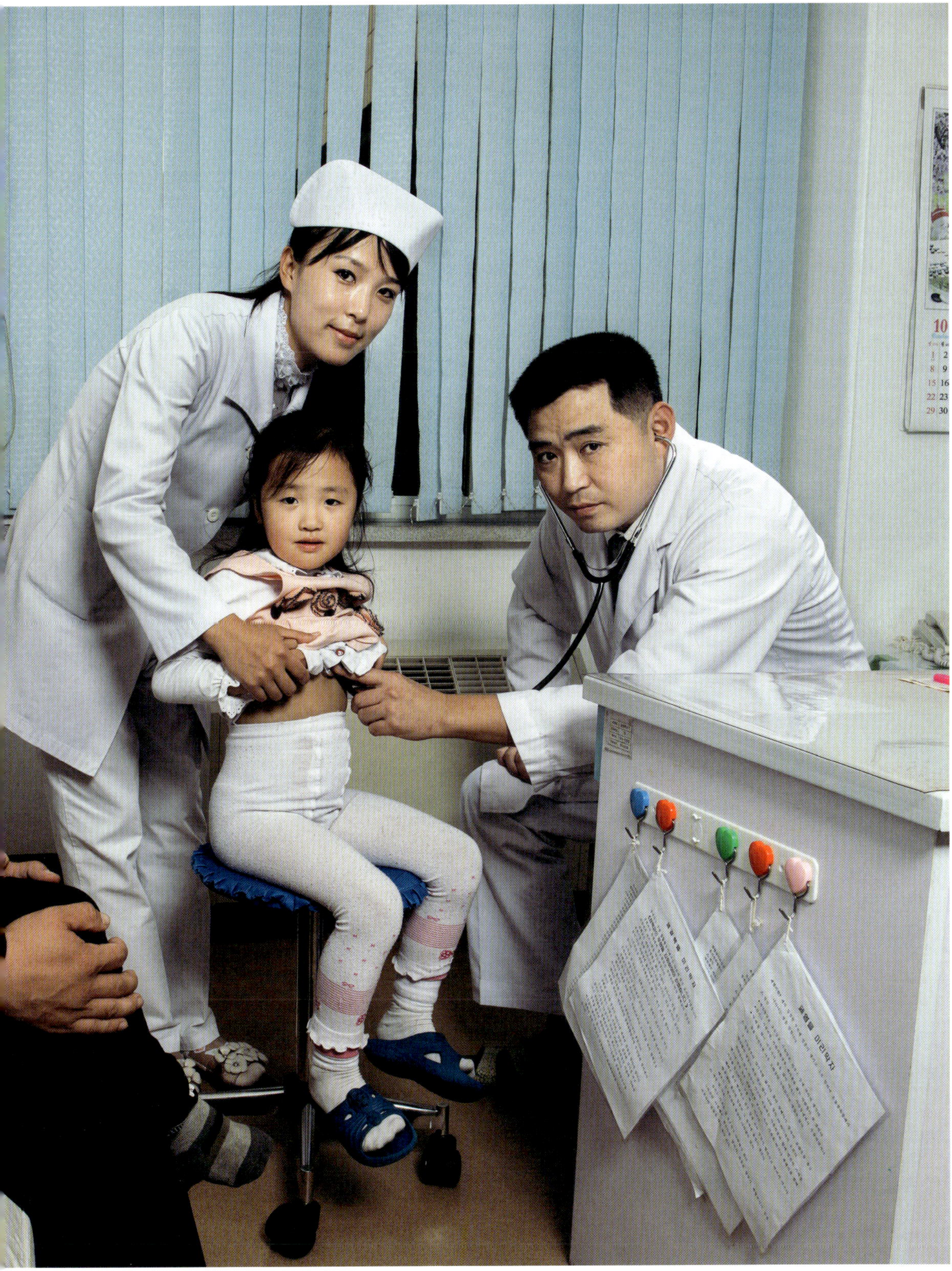

Des écoliers venus saluer la statue du “grand leader généralissime Kim Il-sung et du grand leader généralissime Kim Jong-il”. Pyongyang

Schoolchildren who have come to salute the “Great Leader Generalissimo Kim Il-sung and the Great Leader Generalissimo Kim Jong-il”. Pyongyang

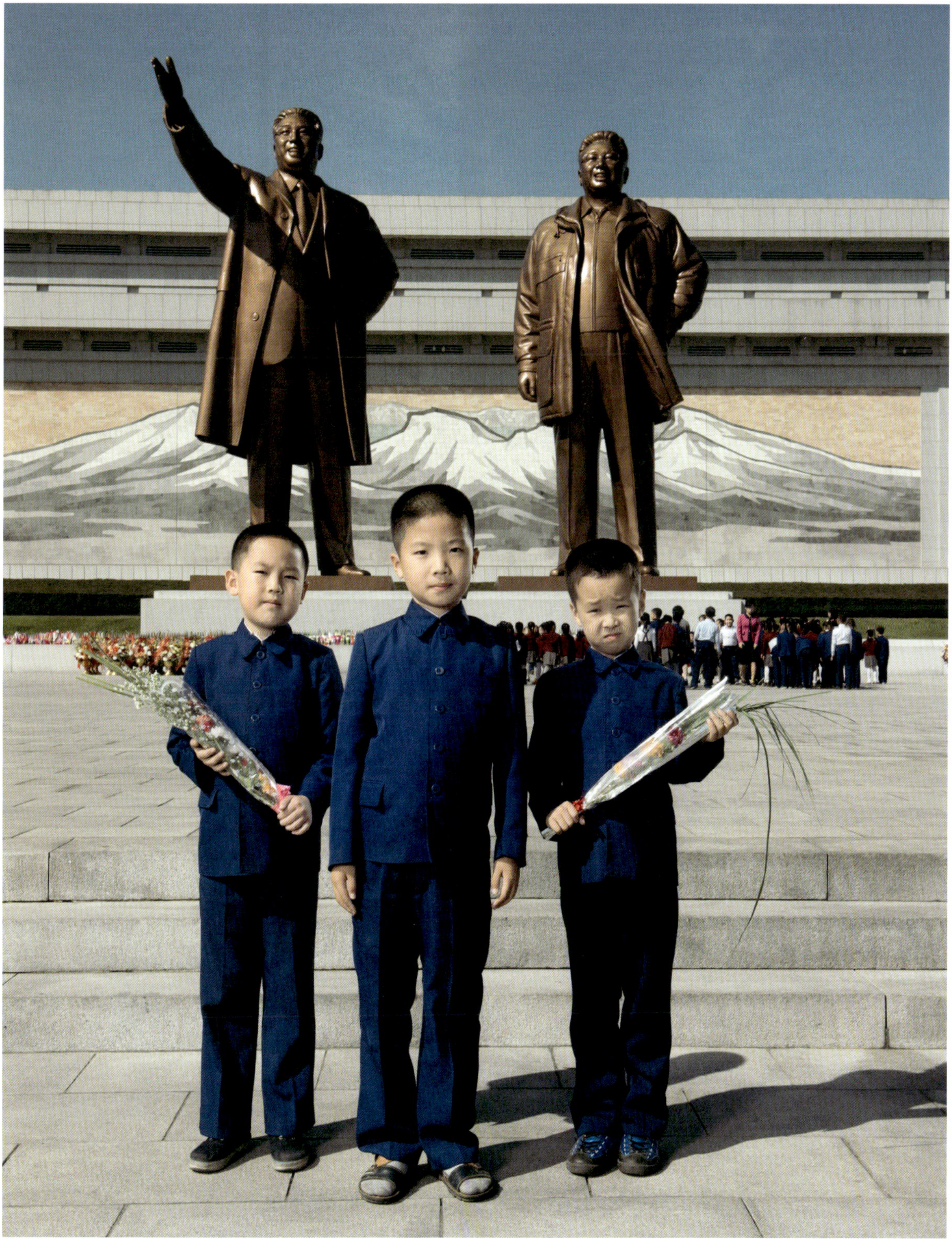

—
Musée d'Histoire naturelle. Pyongyang
Museum of Natural History. Pyongyang

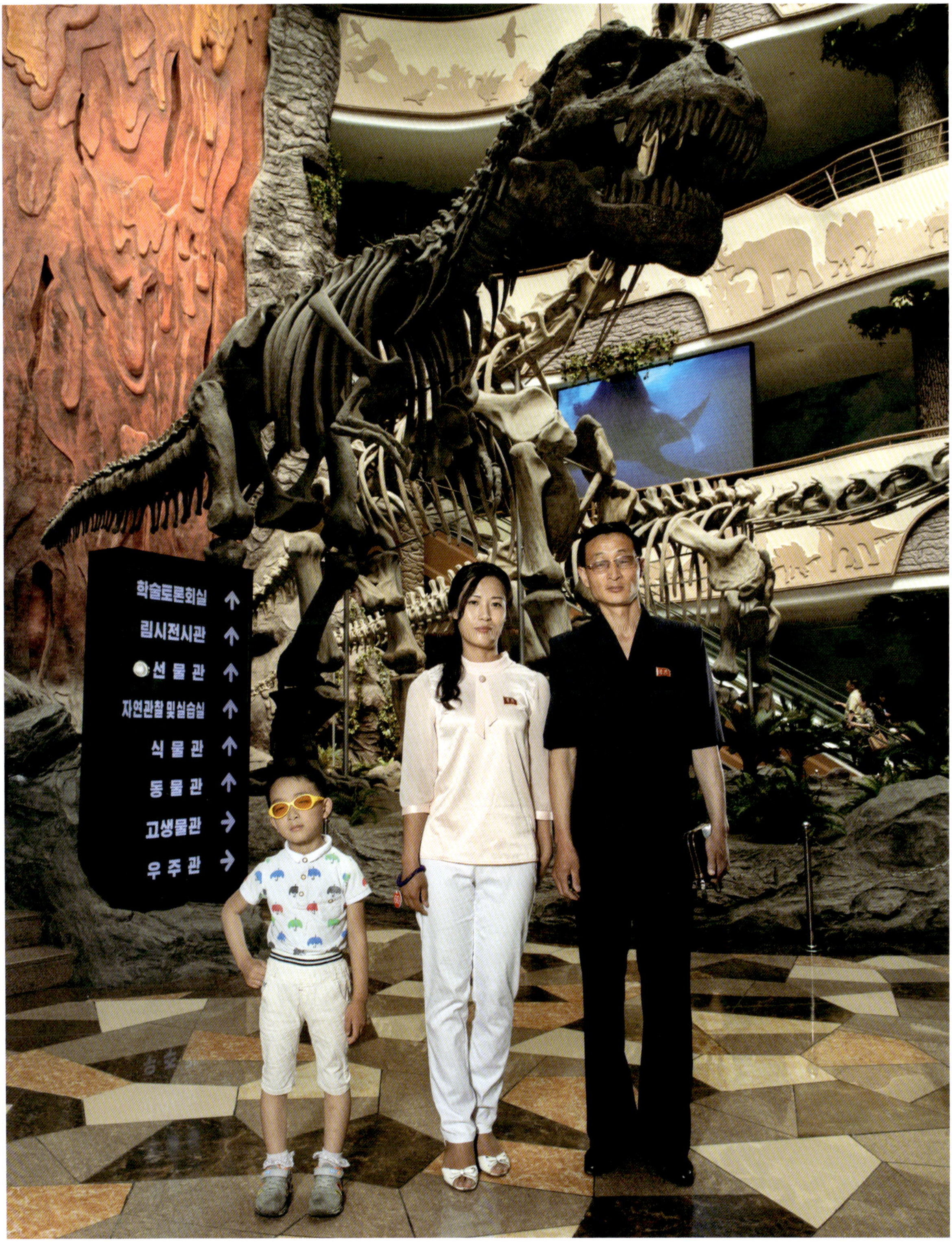
학술토론회실 ↑
림시전시관 ↑
선 물 관 ↑
자연관찰 및 실습실 ↑
식 물 관 ↑
동 물 관 ↑
고생물관 →
우 주 관 →

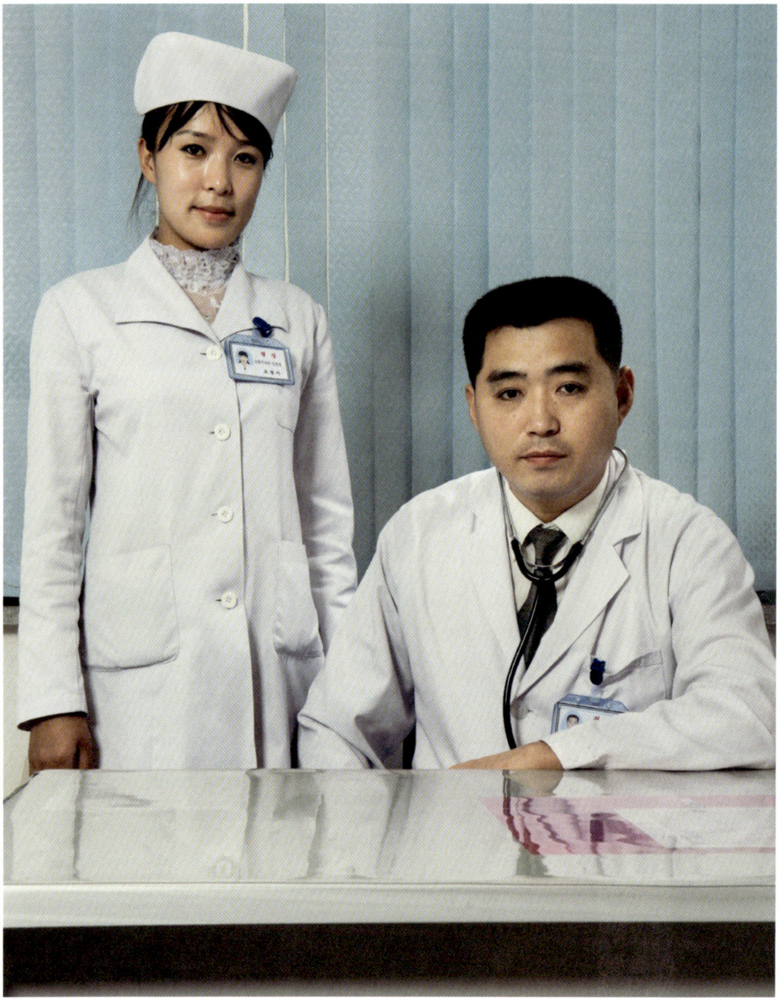

Hôpital pédiatrique. Pyongyang
Magasin de sous-vêtements. Pyongyang
Pediatric hospital. Pyongyang
Underwear shop. Pyongyang

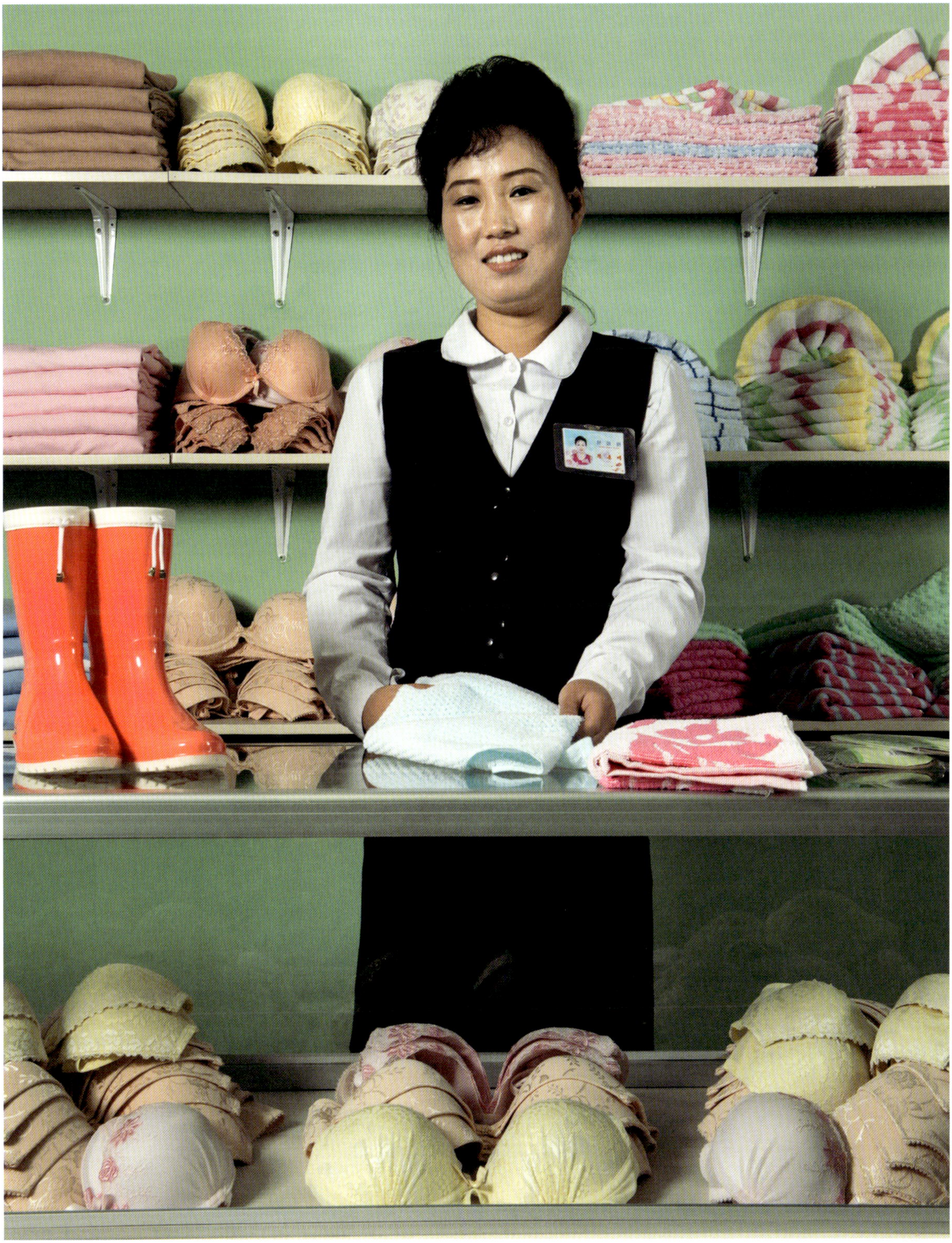

13

Groupe de musique animant les danses collectives. Pyongyang
Music group who plays for mass dances. Pyongyang

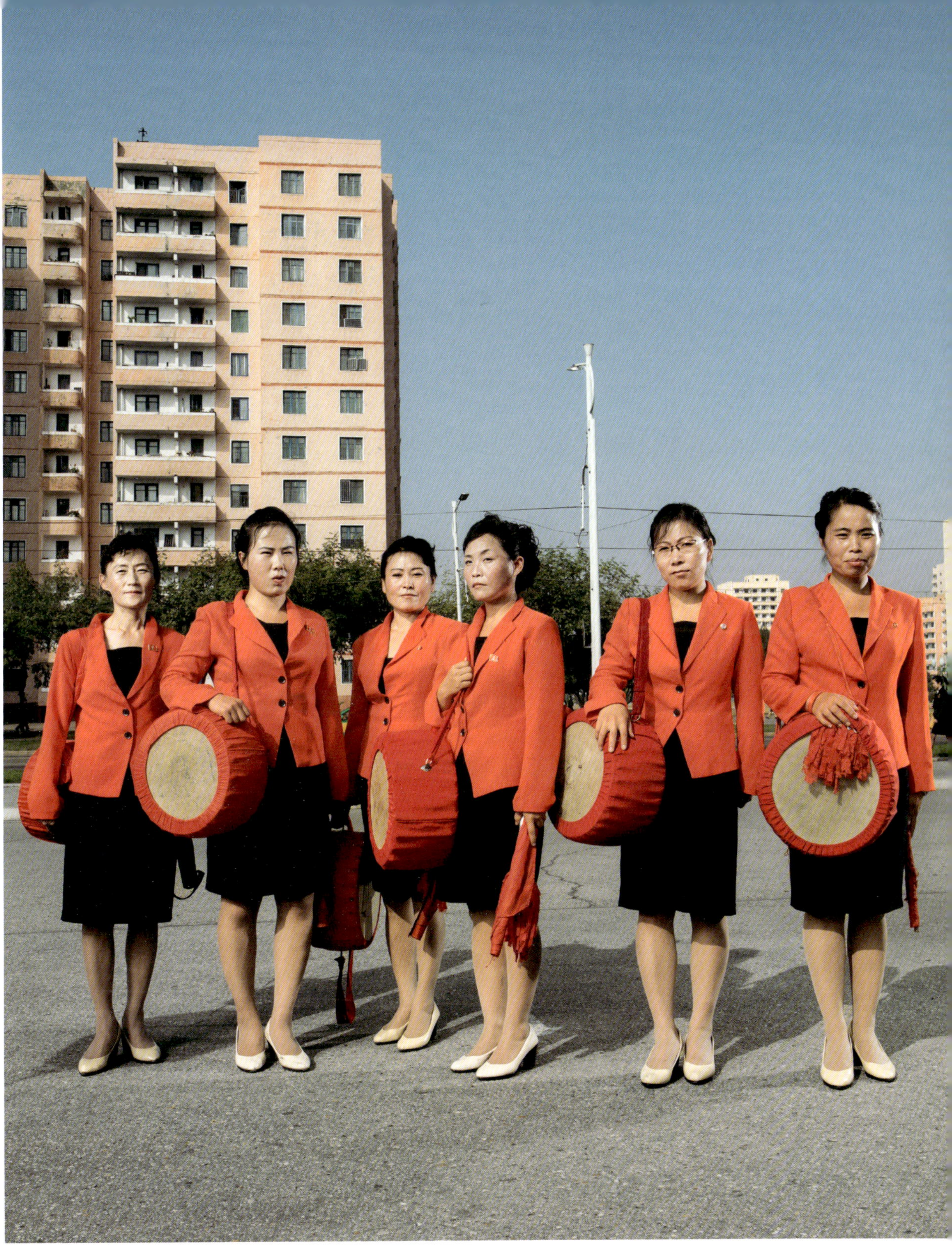

13

Photo de mariage. Pyongyang
Wedding photo. Pyongyang

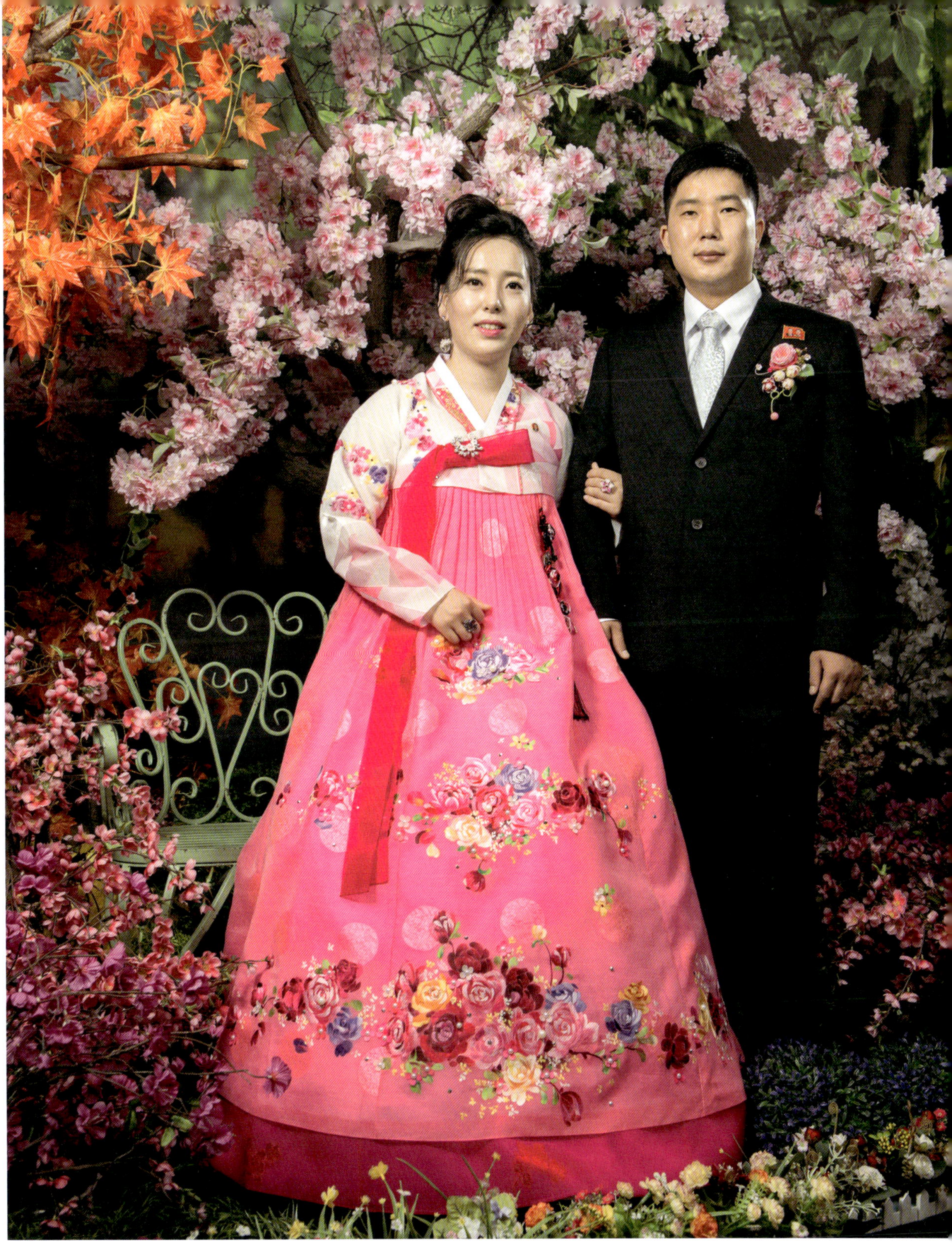

—

Serveuses du bateau-restaurant au pied de la tour du Juche. Pyongyang
Waitresses from the restaurant ship at the foot of the Juche Tower. Pyongyang

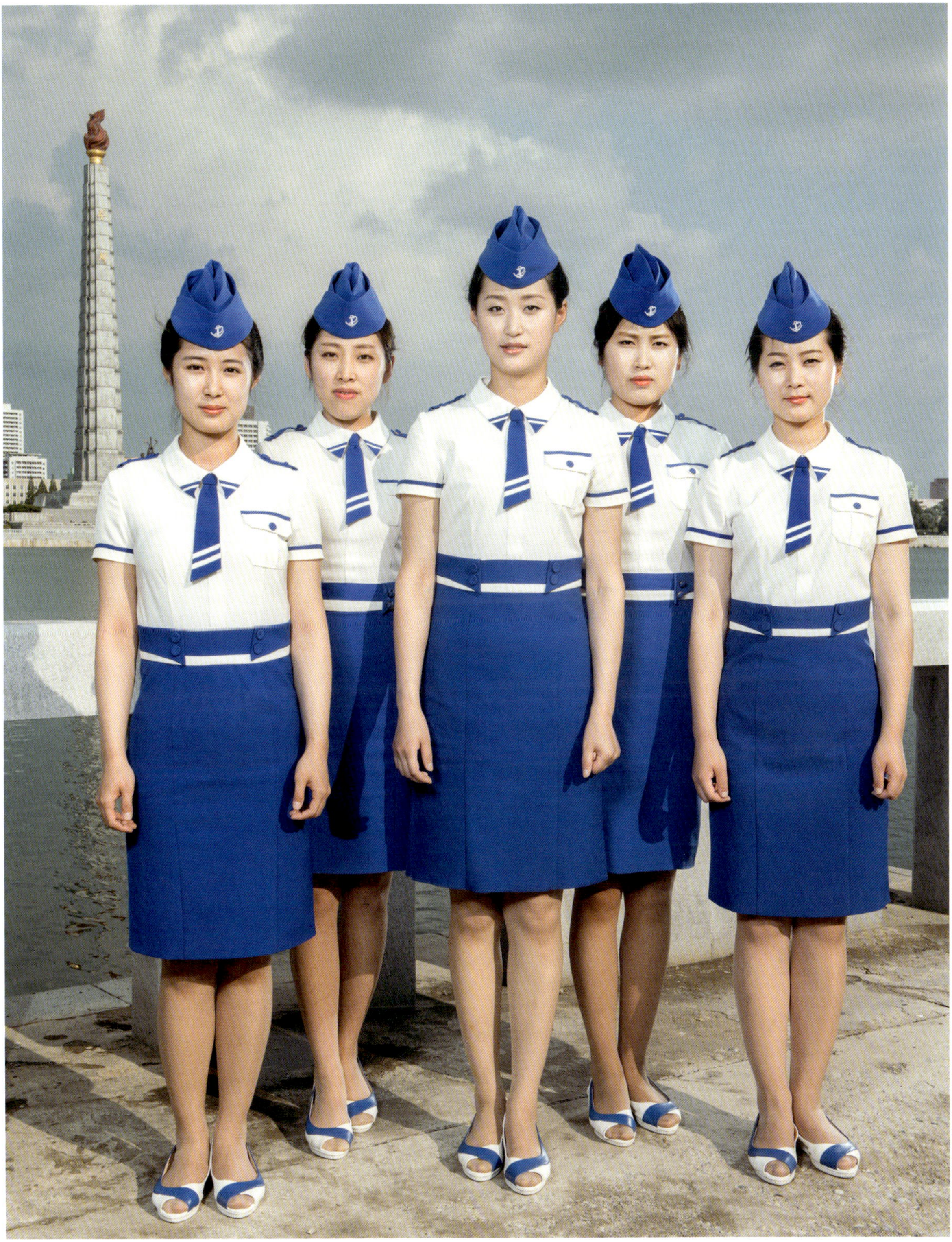

Conversation entre Sam Stourdzé et Stéphan Gladieu

STÉPHAN GLADIEU

La Corée du Nord a toujours été une énigme pour moi, et cela a pris une dimension obsédante au fil des décennies. Pourquoi ce régime n'avait-il jamais vacillé quand ses semblables se sont tous disloqués sous les secousses de la chute du Mur, de la modernité, des réseaux sociaux... ? La Corée du Nord a survécu au bloc communiste qui assurait pourtant sa stabilité politique et économique ; elle a tenu bon malgré les embargos internationaux qui la faisaient suffoquer ; elle a dépassé les crises successives, qu'elles fussent économiques, climatiques ou alimentaires ; elle n'a subi aucun soulèvement en masse de son peuple en dépit d'un système de contrôle permanent. Plus que comprendre le régime, je voulais aller à la rencontre du peuple nord-coréen, de ces vingt-cinq millions d'individus. De quoi sont-ils faits ? Comment vivent-ils ? Ressemblent-ils au portrait qui est fait d'eux dans les informations officielles relayées par les médias occidentaux, des personnes invisibles et inaudibles derrière les sempiternels clichés de démonstration de force.

SAM STOURDZÉ

C'est vrai que la Corée du Nord a une sacrée image, une image fabriquée par chacun d'entre nous – selon ses propres fabulations. Cela s'explique justement parce que les référents sont trop peu nombreux. En Corée du Nord, l'image n'a pas le même statut, et pourtant il y a bien une universalité du langage des images. À travers ce voyage que Stéphan m'a proposé de faire en Corée du Nord, ce qui m'intéressait, c'était d'avoir accès à un pays dont on ne connaît pas un seul producteur d'images. Je ne crois pas connaître d'autre exemple dans le monde. Les images que l'on connaît de Corée du Nord, produites par les Nord-Coréens, sont celles des sites officiels, mais il existe peu de représentations artistiques ou photographiques.

STÉPHAN GLADIEU

Je n'avais en effet réussi à trouver aucun travail photographique de fond sur la société nord-coréenne par des Nord-Coréens. Sur place, des recherches plus poussées m'ont enseigné que le portrait n'existe pas en tant que tel en Corée du Nord. Pas de photos de famille, guère de portraits personnels. L'individualité a peu de raisons de s'exposer dans une société où tout est pluriel, collectif, communautaire. La Corée du Nord n'a donc pas suivi le chemin parcouru par les sociétés où la photographie est venue démocratiser la représentation de soi, jusqu'alors réservée à la bourgeoisie avec la peinture. En Occident, le portrait photographique est la résultante d'une innovation technique et de la montée de l'individualisme. Un concept par essence inapproprié dans un système hostile à toute forme de singularité.
Très naturellement, l'idée du portrait – qui est aussi au cœur de mon ADN photographique – s'est donc imposée pour ce projet. J'avais en référence le travail du photographe allemand August Sander dans *Hommes du XXe siècle* où il détaille scrupuleusement la société allemande en plus de 500 photographies, des portraits d'individus posant face caméra, par catégories socioprofessionnelles. Bouchers, peintres, secrétaires, bourgeois... Sander les saisit dans la frontalité la plus crue, comme un cadre anthropologique de référence avec lumière constante, vue frontale et regard direct. Dans sa série de portraits, le cadre varie peu, le modèle s'installe dans son espace, soigne son apparence, à son aise. Le photographe ne cherchera jamais à le surprendre. August Sander mélange ainsi photographie documentaire et pratique artistique. J'aime la dimension ethnographique et plastique de son travail et, modestement, je souhaite marcher dans ses pas, à travers ce que j'appelle le portrait-miroir.

14

Les Nord-Coréens m'ont avoué avoir été assez chamboulés par ma proposition de réaliser uniquement des portraits d'individus. Ma démarche "révolutionnaire" venait bousculer leurs habitudes, leur culture, leur raison d'être presque. Pourquoi ont-ils accepté ? Pour des raisons d'agenda qui me dépassent évidemment, mais aussi, je crois, parce que le concept de pose frontale avec regard direct, le cadre rigoureux de mes portraits souvent de pied, leur était familier et compréhensible. C'est un dispositif qui flirte avec les codes de l'image de propagande et se rapproche aussi de leur maigre pratique du portrait des meilleures unités de travail ou de jeunes mariés. Le caractère intentionnellement figé de mes images permettant de capter le sujet comme le symbole de quelque chose de plus grand leur parlait. Ce fut le plus petit dénominateur commun de notre dialogue au fil de mes cinq campagnes photographiques, même si l'incertitude restait perceptible à chaque prise de vue, l'inquiétude exacerbée par le fait que je suis un étranger, un Occidental...

—

SAM STOURDZÉ

De mon côté, j'avais très envie d'aller voir sur place ce qu'il en était réellement de la production photographique locale. Au cours des vingt dernières années, j'ai pu rencontrer un certain nombre de photographes étrangers dont plusieurs ont eu accès à la Corée du Nord grâce à la relation de confiance qu'ils avaient pu nouer. Stéphan est l'un d'entre eux. Chaque fois, nous, qui découvrons le pays par leurs images, avons toujours un doute. Cette mise en défiance de l'image est ontologique de la photographie.
La photographie se constitue par le champ – qui est le seul donné à voir par le photographe – et le hors-champ. En l'occurrence, nous sommes face à un pays dont on ne cesse de nous répéter qu'il maîtrise en permanence le hors-champ et qu'il reste seul décisionnaire du cadre présenté. Une fois en Corée du Nord, vous êtes presque pollué par ce questionnement permanent : "Qu'est-ce que l'on me cache ?" "Ça ne peut pas être ainsi." "On me répète depuis toujours que la Corée du Nord est une terrible dictature." Certes, nous n'avons peut-être pas visité les geôles, mais les gens que l'on rencontre sont comme partout ailleurs, ils vivent, grandissent, s'aiment, se disputent... C'est d'ailleurs la force de la résilience humaine : on vit, avec une tendance naturelle à se satisfaire de ce qui est autour de nous.
Dans son travail, Stéphan le montre très bien. Son intelligence photographique, c'est d'avoir surjoué le dispositif en imposant l'idée d'un studio de rue. Être capable de magnifier légèrement la réalité par ce coup de flash permet de figer une situation. Au premier regard, cela donne un effet d'artificialité ; au second regard, on se concentre finalement sur l'essentiel, à savoir ce jeu des compositions, cette répétition de l'identique.
Dès lors, la question de l'individu et du groupe devient essentielle. Ce que nous voyons en permanence dans les photographies de Stéphan, ce sont des personnes isolées ou parfois en groupe. Mais même isolées de leur groupe, nous les percevons chacune comme des individus représentatifs de leur groupe. Stéphan parle d'August Sander et de son livre *Hommes du XXe siècle*, où les catégories sont représentées par typologies. La Corée du Nord, c'est cela.
En outre, un jeu essentiel se déroule à l'arrière-plan et raconte beaucoup, par des accidents ou des mouvements non contrôlés. Nous pensons regarder la paysanne ou l'agriculteur, mais il se passe pas mal de choses dans le fond de l'image. Le décor nous donne à voir la réalité.

—

STÉPHAN GLADIEU

Imposer le portrait était un premier défi.
Le deuxième défi était celui de ma liberté d'expression artistique. Avant même de partir, je savais que je serais encadré tout au long de mon séjour, ce qui est loin d'être une habitude de travail et de vie me concernant. Sans parler la langue, sans être maître de mes déplacements, il me faudrait inventer un espace de liberté à l'intérieur du cadre qui me serait imposé et contraindrait ma création. C'est donc à travers mon dispositif photographique que je me suis ouvert cette liberté d'expression, ce dispositif de flashs sur trépieds répondant, dans une certaine mesure, à l'attente des Nord-Coréens en me rendant statique, prévisible et contrôlable.
Photographier ainsi n'a donc pas posé de problème en soi. J'ai certes dû négocier des mois durant pour accéder à certains endroits, mais, à partir du moment où les autorisations m'étaient accordées, c'était un acquis. Personne ne m'a même jamais demandé de présenter mes images sur place ni à la délégation nord-coréenne de Paris. Le plus souvent, je les ai montrées au fil de l'eau à mes accompagnateurs, pas pour validation mais dans un esprit de partage, comme je le fais toujours sur une prise de vue.
Le plus délicat fut de comprendre que j'entrais dans un monde où la perfection est une quête absolue. En Corée du Nord, un objet doit être parfaitement achevé pour être rendu visible au regard des autres. De même, son intégrité doit être préservée par la composition de l'image ; les monuments, les affiches ne doivent pas être tronqués par le cadrage, et encore moins les statues ou les photographies des dirigeants.
Dans la rue, dans les usines, partout en Corée du Nord, les choses semblent tourner de manière prévisible et absolument ordonnée. C'est un spectacle dans le spectacle qui consacre le rapport entre réalité et irréalité. Et c'est justement ce rapport que j'interroge. Le coup de flash qui fige et crée un décalage d'artificialité entre le sujet et le contexte a autant servi ma photographie que leur culture de la magnificence, à la manière dont ils embellissent toute représentation du réel dans leur peinture, leurs objets de céramique ou productions visuelles. L'hypercontrôle du régime dont j'ai bénéficié durant chacune de mes campagnes photographiques a produit un spectacle unique, celui d'un peuple dont la quête absolue de perfection a parfaitement servi ce projet, fruit de nos désirs esthétiques respectifs et, en ce sens, convergents.
Pourtant, tous les lieux que j'ai photographiés existent, toutes les personnes vivent leur vraie vie. Le soupçon d'une mise en scène théâtrale n'est qu'un fantasme maladroit. À nos yeux, la Corée du Nord est un endroit assez irréel et totalement hors norme, mais tout ce que montre à voir cette série de portraits est bien réel et c'est sans doute le plus fou.

—

SAM STOURDZÉ

Évidemment, dès lors qu'on laisse entrer les étrangers au compte-gouttes, que celui qui entre est encadré par deux guides et un chauffeur, et que le programme lui est imposé, les conditions du doute sont posées – en tout cas pour quiconque est formé à l'esprit occidental. On imagine forcément qu'il y a une restriction dans ce qu'on nous laisse voir.
Sur place, on est certes guidé, mais on voit quand même un certain nombre de choses. Le périmètre délimité semble bien large pour le peu de visiteurs invités à le parcourir. On est peut-être tout simplement face à une différence culturelle, à une population qui décide – forcée ou de bon gré – de sculpter les tas de neige sur les bords des routes pour qu'ils aient une forme élégante, qui construit un pays dont la propreté est une des vertus nécessaires.

14

—

STÉPHAN GLADIEU

L'absolu esthétique est en effet partout, du gazon des bordures de trottoir, taillé aux ciseaux, aux trompe-l'œil qui ornent salles de déjeuner et abords des piscines. De même, la beauté des personnes que j'ai pu photographier a été au centre de toutes nos discussions. En la matière, comme pour tous les référents culturels, nous avons des grilles de lecture sensiblement différentes. Au gré des accords et des refus, j'ai appris qu'en Corée du Nord les personnes âgées sont laides par définition ; les métiers salissants n'ont pas la cote non plus. En photographier certaines fut un combat : les officiels arguant qu'exposer ainsi ces individus à leur propre laideur leur ferait perdre la face, ils essayaient de me convaincre du caractère amoral de mes demandes. La beauté rejoint l'idée de perfection qui doit être atteinte en tout, partout, parce que source de fierté nationale. L'objet, on l'a dit, ne peut être considéré que lorsqu'il est achevé, esthétiquement parfait. L'être humain, lui, se doit d'être beau, propre, digne et fier. En Corée du Nord, la quête de perfection est infinie, la propreté extrême, la maîtrise et le contrôle sont absolus, mais invisibles.

L'autre point important de l'esthétique visuelle de ce pays, c'est l'impression de virginité que vous ressentez dans la rue, dans les intérieurs. Pas de visuels de publicité, pas de vitrines pour les magasins, pas de photos dans les foyers, hormis celles des pères fondateurs de la nation… Rares sont les images qui croisent et captent votre regard et je dois dire que cette détoxication visuelle a sans doute beaucoup influé sur la recherche de mes cadres composés avec les fonds d'arrière-plan.

—

SAM STOURDZÉ

Avoir accès à la Corée du Nord est aujourd'hui une expérience unique, car on sent que cet état de choses ne perdurera pas indéfiniment. Si l'image n'a pas encore fait une intrusion massive dans l'espace public – il n'y a pas de publicité urbaine par exemple –, on voit les choses bouger. À Pyongyang, les gens, même les très jeunes, ont un smartphone connecté à leur propre réseau internet. Dans la rue ou dans le métro, on croise la jeunesse rivée sur son écran à regarder des films ou des émissions de divertissement. Le rapport aux images est en train de changer.

À cet égard, la photographie de Stéphan montrant un couple au zoo est très efficace. La femme incarne une nouvelle modernité, tandis que l'homme impose respect et tradition ; à leurs côtés, l'enfant annonce l'avenir.

—

STÉPHAN GLADIEU

Entre deux voyages, un jour où je montrais quelques images au représentant de la Corée du Nord à Paris dans l'espoir de glaner des commentaires qui me permettraient de décoder ce que j'avais capté sans le savoir, il a qualifié cette image d'extraordinaire. Pour lui, l'homme y incarne parfaitement le nationalisme, la fierté nord-coréenne, avec son air sérieux, que nous pourrions qualifier de sinistre, mais le sourire n'a pas la même valeur en Asie qu'en Europe. Cette expression que nous considérons comme austère, voire hautaine, est pour eux largement supérieure au sourire. C'est l'incarnation d'un patriotisme sans limite. Au-delà de cette notion, je note que, face à cette photo, le regard de l'Occidental est capté par la modernité de la femme, alors que le Nord-Coréen se concentre sur la tradition et la fierté nationaliste dégagées par l'homme.

—

SAM STOURDZÉ

Je suis allé en Corée du Nord à la recherche de photographes nord-coréens. Je n'ai rencontré que des photographes membres de l'association officielle. Ils m'ont présenté leurs photographies ; chacun a une spécialité, portrait, paysage… un style plutôt académique. Ils sont là pour servir l'image de leur pays.

En revanche, lorsque nos hôtes ont accepté de me donner accès à leurs archives photographiques, ce fut le choc. En effet, sur plus de cinquante ans, cette collection de photographies raconte l'histoire d'un pays en train de se construire.

À Arles, nous exposerons ces archives en dialogue avec la série de Stéphan Gladieu, comme un volet contemporain.

Les images de Stéphan questionnent sans cesse le rapport de l'individu au groupe. C'est une question centrale pour la société nord-coréenne elle-même. Jamais telle typologie n'avait été entreprise. L'effet est aujourd'hui déjà saisissant. Inévitablement, le temps passera et la société changera, alors la série de Stéphan Gladieu transmettra avec vigueur le témoignage précieux qu'elle constitue.

—

STÉPHAN GLADIEU

Il est vrai qu'il est difficile d'extraire les individus de leur groupe. Dans leur façon de se déplacer, de faire des choses, c'est assez clair visuellement qu'ils existent à travers un collectif. Très peu d'individus commencent à sortir du groupe, à s'en émanciper et, encore une fois, je pense que c'est culturel. C'est le sentiment de répétition du 1 qui m'a guidé pour capter le tout. Je voulais plonger mon regard dans les yeux des Nord-Coréens et créer ce sentiment un peu trouble de ne plus savoir très bien, à la fin, qui regarde qui. Je voulais que cette série nous permît de les regarder en face et j'espérais, surtout, qu'elle nous renverrait aussi un peu de notre propre image.

—

SAM STOURDZÉ

Faire le portrait d'un pays raconte une histoire. Ici, Stéphan excelle. En France, il nous aurait raconté des histoires individuelles. En Corée, il révèle une histoire collective, un rapport au groupe, émaillé de petites fulgurances d'émancipation qui restent néanmoins très codifiées.

Lors d'un voyage récent, nous avons croisé, à la sortie d'un restaurant, un groupe composé de quelques personnes. Une femme nord-coréenne – sac Chanel, hauts talons à semelle rouge – se démarquait par son élégance. On a parfois l'impression que la rigidité de la structuration sociale semble inéluctablement se détendre.

On peut alors légitimement s'interroger : lorsque les choses bougeront, que gagneront-ils, que perdront-ils ?

Stéphan Gladieu & Sam Stourdzé in Conversation

—

STÉPHAN GLADIEU

North Korea has always been a mystery to me, and over the years it has become a bit of an obsession. Why has this regime never fallen, when others like it were all toppled by the tremors from the falling Wall, modernity, social media? North Korea has outlived the Eastern Bloc that gave it political and economic stability; it has stood firm despite suffocating international embargoes; and it has seen out successive crises, whether economic, climatic or agricultural. Despite the system of permanent control, there have been no mass uprisings. I didn't just want to understand the regime, I wanted to get a sense of the North Korean people, those twenty-five million men and women. Who are they? How do they live? Do they look like the portrait we get in the official news on Western media? People who are invisible and inaudible behind those endless pictures of military muscle-flexing.

—

SAM STOURDZÉ

It's true, North Korea has quite an image, an image that we have all constructed in line with our own imaginings. And this is precisely because there's so little to refer to. In North Korea images don't have the same status, and yet the language of images is universal. What interested me in the visit to North Korea that Stéphan proposed was getting access to a country in which it's impossible to identify a single maker of images. The images of North Korea that we know, produced by North Koreans, are the ones on official sites, but there are very few artistic or photographic representations.

—

STÉPHAN GLADIEU

That's right, I couldn't find one substantial photographic document about North Korean society made by North Koreans. When I was there and enquired further I found that the portrait, as such, does not exist in North Korea. No family photos, hardly any personal portraits. Individuality has few reasons to show itself in a society where everything is plural, collective, communitarian. North Korea never took the path followed by other societies, where photography democratised self-representation, which up to then had been the preserve of the bourgeoisie, via painting.
In the West, the photographic portrait is the result of technical innovation and of the rise of individualism. That concept is in its very essence out of place in a system that is hostile to any form of singularity.
And so it was quite natural that this project should crystallise around the idea of the portrait, which is also at the heart of my photographic DNA. I had in mind the work of the German photographer August Sander in *People of the Twentieth Century*, in which he meticulously examines German society in over five hundred pictures, portraits of individuals facing the camera, organised by socioprofessional category. Butchers, painters, secretaries, bourgeois – Sander captures them in a very raw, frontal way, as if in a standard anthropological framework with even light, frontal views and a direct gaze. In his portrait series the framing varies little; the model settles into the space, is well turned out, at ease. The photographer never tries to catch them out. In this way, Sander combines documentary photography and artistic practice. I like the ethnographic, visual aspect of his work and, in all modesty, I want to walk in his footsteps, by making what I call mirror portraits.

15

The North Koreans admitted to being quite upset by my proposition to only make portraits of individuals. My "revolutionary" approach was a real shock to their habits, their culture and even their raison d'être. Why did they accept? For scheduling reasons of which of course I haven't the faintest inkling, but also, I think, because the concept of the frontal pose and direct gaze, the rigorous framing of my often full-length portraits, was something familiar that they could understand. It's a set-up that comes close to the codes of the propaganda image, and also to their very limited practice in portraits of outstanding worker teams and newlyweds. They could relate to the deliberately stiff aspect of my images which makes the subject seem like the symbol of something. This was the least common denominator of our dialogue in the course of my five photography expeditions, even if there was always a palpable feeling of uncertainty whenever I took a photo, with the worry exacerbated by the fact that I was a foreigner, a Westerner.

—

SAM STOURDZÉ

For my part, I was eager to go there and find out what the local photography was really like. Over the last twenty years I have managed to meet a number of foreign photographers, several of whom have had access to North Korea because of the trusting relationships they've developed. Stéphan is one of them. There is always an element of doubt for those of us who are learning about the country through their images. This wariness towards the image is inherent in photography's ontology.

Photography is constituted by what is in the frame – the only element shown by the photographer – and what is outside it. In this case, we are looking at a country that, we are constantly being told, permanently controls what is outside the frame and is alone in deciding what frame will be shown. When you're in North Korea your mind is almost polluted by this constant questioning: "What are they hiding from me?" "Surely, it can't really be like this?" "People have always told me North Korea is a terrible dictatorship." True, we didn't see the jails, but the people we met are like everywhere else: they live, grow up, love, fight, etc. That, indeed, is the power of human resilience: we live, with a natural tendency to be satisfied by what is around us.

Stéphan shows all this very well in his work.

His intelligence as a photographer is to have overstated the set-up, to have imposed the idea of a street studio. Being able to slightly magnify reality with the flash means that you can freeze a situation. At first glance, the effect is one of artificiality; but when you look again, you finally concentrate on the essential, that is to say, the play of compositions, identical repetition.

And this is where the question of individual and group become essential. What we always see in Stéphan's photographs are isolated individuals, or sometimes people in groups, but even when they're away from their group we perceive them as individuals who are representative of their group. Stéphan mentioned August Sander and his *People of the Twentieth Century*, in which the categories are represented by typology. North Korea is exactly that.

In addition, what goes on in the background is essential. It tells us a lot, these accidents and uncontrolled movements. We think we're looking at a peasant woman or farmer, but there's quite a lot happening in the background of the image. The setting shows us the reality.

—

STÉPHAN GLADIEU

Getting the portrait accepted was the first challenge. The second challenge was my freedom of artistic expression. Even before I left, I knew I was going to be chaperoned throughout my stay, which is very far from my usual way of working and living. Unable to speak the language or control my movements, I would need to invent a space of freedom inside the framework that would be imposed on me and that would trammel my work. So it was through my photographic procedure that I opened up this freedom of expression, since this system of flashes on tripods did, to a degree, meet the North Koreans' expectations, because it made me static, predictable and controllable.
In itself, then, taking photographs in this way was not a problem. I may have had to spend months negotiating to gain access to certain places, but once permission was given, it was a given. Nobody even asked me to show my images when I was there, or to the North Korean delegation in Paris. Not once. I usually showed them as I went along to my guides, not for them to approve but in a spirit of sharing, as I always do on a shoot.
The most difficult thing was to understand that I was entering a world where perfection is an absolute goal. In North Korea an object has to be perfectly finished if it is to be made visible to others. Likewise, the composition of the image has to preserve the wholeness of the subject: you can't let the framing cut off monuments or posters, let alone statues or photographs of leaders.
In the street, in the factories, everywhere in North Korea, things seem to proceed in way that is predictable and absolutely ordered. It's a show within the show which confirms the relation between reality and unreality. And that relation is precisely what I'm interrogating. The flash that freezes and allows an artificiality to come between the subject and the context helped my photography just as much as their culture of magnificence, the way they embellish every representation of reality in their painting, their ceramic objects and their visual production.
The regime's hyper-control, which I experienced on each of my photographic expeditions, has produced a unique spectacle, that of a people whose absolute quest for perfection perfectly served this project – the fruit of our respective and, in this sense, converging aesthetic desires.
However, all the places I photographed do really exist; all the people here are living their real lives. To suspect some kind of theatrical staging here is just an awkward fantasy. In our eyes, North Korea is quite unreal and totally abnormal, but everything you see in this series of portraits is quite real, which has to be the weirdest thing about them.

—

SAM STOURDZÉ

Obviously, if you only let in tiny numbers of foreigners, and then supervise each one with two guides and a driver, and if their programme is imposed on them, then there are grounds for doubt, or at least there is if you have a Western cast of mind. You're bound to think there's a restriction behind what they let you see.
When you're there, it's true, you are guided, but you still get to see a few things. The perimeter that is delimited seems rather large for the few visitors invited to travel round it. You could simply be witnessing cultural difference, a population that decides – under duress or of its own free will – to sculpt piles of snow along the roadside into elegant shapes, and that is building a country where cleanliness is one of the necessary virtues.

—

STÉPHAN GLADIEU

This aesthetic absolute is everywhere, it's true, from the grass along pavements, trimmed with scissors, to the trompe-l'oeils that decorate dining halls and the edges of swimming pools. Likewise, the beauty of the people I was able to photograph was constantly coming up in our discussions. In this regard, as with all our cultural references, the way we read things is markedly different. From what I was allowed and refused I learned that in North Korea old people are ugly by definition, and work that gets you dirty doesn't score very highly, either. It was quite a fight to photograph some of these people: officials argued that to show these individuals their own ugliness would cause them to lose face. They tried to make me understand that what I was asking was amoral. Beauty is part of this idea of perfection that must be attained in everything, everywhere, because it is a source of national pride. An object, as we have seen, can be of value only if it is complete, aesthetically perfect. A human being must be handsome, clean, worthy and proud. In North Korea the quest for perfection is infinite, cleanliness extreme, and mastery and control absolute, if invisible.

The other important aspect of the country's visual aesthetic is the pristine impression that you get on the street and inside. There are no advertising images, no windows for the shops, no photos in homes, apart from ones showing the founders of the nation. It is rare for an image to meet or arrest your gaze, and I must say that this visual detoxification certainly had a big influence on the way I went about working the backdrops into my compositions.

—

SAM STOURDZÉ

Getting to see North Korea is a unique experience these days because you can feel that things won't go on like this forever. While visual images have yet to intrude massively into public space – there's no urban advertising, for example – you can see that things are moving. People in Pyongyang, even the very young, have smartphones connected to their own internet network. In the street or the subway you'll see young people glued to their screens watching films or entertainment shows. The relation to images is changing.

In this respect, Stéphan's photograph showing a couple in the zoo is very effective. The woman embodies a new modernity, while the man asserts respect and tradition. Beside them, the child heralds the future.

—

STÉPHAN GLADIEU

One day, between two trips, I was showing a few images to a North Korean representative in Paris with the hope of drawing a few comments that would help me decipher what I had unwittingly caught on film, and he said this image was extraordinary. For him, the man perfectly embodies North Korean nationalism and pride, with that serious look which we might describe as grim, but then a smile doesn't have the same value in Asia as it does in Europe. For them this expression which we would consider austere, even haughty, is greatly superior to a smile. It is the embodiment of a limitless patriotism. Looking beyond this notion, I note that a Westerner looking at this photo focuses on the woman's modernity, whereas a North Korean concentrates on the sense of tradition and nationalist pride exuded by the man.

—

SAM STOURDZÉ

I went to North Korea looking for North Korean photographers. I met only photographers who were members of the official association. They showed me their photographs. Each one has a speciality – portrait, landscape – and the style is rather academic. They are there to uphold their country's image.
However, when our hosts gave me access to their photographic archives, it was quite a surprise. This collection of photographs tells the story of a country under construction over a period of more than fifty years. In Arles we are going to exhibit these archives in a dialogue with Stéphan Gladieu's series, as a contemporary pendant. Stéphan's images constantly question the individual's relation to the group. This is a central question for North Korean society itself. It's a typology that has never been applied before. And today, the effect is striking. Inevitably, time will pass and society will change, and then Stéphan's series will stand as a vigorous and precious record.

—

STÉPHAN GLADIEU

It's true that it's difficult to extract individuals from their group. In their way of moving, of doing things, it is visually fairly clear that they exist through a collective. Very few individuals think to leave the group, to break free, and once again I think this is cultural. It was my sense of the repetition of the individual that guided my feeling of capturing the whole.
I wanted to look deep into the eyes of the North Koreans and create that slightly troubling feeling of not really knowing any more who is looking at who. I wanted this series to allow us to look each other in the eye and I was hoping, above all, that this series would also reflect back something of our own image.

—

SAM STOURDZÉ

To make the portrait of a country is to relate a history. Here, Stéphan excels. In France, he would have told us individual stories. In Korea, he reveals a collective history, a group relationship, punctuated with little bursts of emancipation that nevertheless remain highly codified.
During a recent trip, coming out of a restaurant we met a group of several people. There was one North Korean woman – Chanel bag, high heels with red soles – whose elegance really stood out. You sometimes get the impression that the rigidity of the social structure seems to be softening, irresistibly. In which case it's fair to ask: when things do shift, what will they gain and what will they lose?

À ma femme pour sa patience le temps de mes absences,
son précieux soutien et ses conseils avisés
tout au long de ces projets au long cours.
L'œil, l'esprit et la plume...
À Angèle et Jeanne, mes deux soleils qui éclairent ma vie.

To my wife for her patience when I was away,
her invaluable support and her wise advice throughout
these drawn-out projects.
The eye, the mind and the pen ...
To Angèle and Jeanne, the two suns that light up my life.

REMERCIEMENTS

Ce projet n'aurait pas existé sans l'intervention d'Adrien Gombeaud, qui m'a introduit auprès des autorités nord-coréennes à Paris, et de Patrick Maurus, le plus coréanophile des Français. Adrien est un compagnon de voyage drôle et érudit comme on n'en trouve guère aujourd'hui.

Le travail d'un photographe étant fait d'aléas et de paris sur l'avenir, je tiens également à remercier tout particulièrement les personnes qui ont cru en ce projet, m'ont donné confiance et permis de le financer jusqu'au bout… :
Jennifer Samuel et Sarah Leen, de *National Geographic*, qui, les premières, ont choisi de le publier dans leur prestigieux magazine, réalisant par la même occasion mon rêve de toujours ;
Cyril Drouhet, fidèle ami et grand défenseur de la belle image, et le service photo du *Figaro Magazine*, pour leur soutien dans le temps et, en particulier, sur ce projet de longue haleine ;
L'édition française de *Vanity Fair* ;
Paris Photo qui a eu l'audace d'accorder une place de choix à ce travail dès son édition de 2018 ;
Et bien sûr Olivier Castaing qui me représente depuis deux ans dans sa School Gallery à Paris. Son regard, ses conseils et sa sagesse me sont très précieux dans les périodes de doute comme dans les moments d'euphorie.

J'ai une pensée particulière pour Hyon Ki-chol, conseiller à la Délégation générale de la république populaire démocratique de Corée du Nord en France – qui a été emporté par la maladie pendant le projet mais dont j'entends encore la voix commenter mes images – et à son successeur M. Jong Chang-gwon.
Jong Mun-won et Ri Yong-man, respectivement mes guide principal et guide secondaire sur place – avec qui j'ai découvert que le billard était un langage universel – ainsi que le directeur Kim.

Pierre-Olivier François et Vélina Minkoff, deux habitués de Pyongyang, pour leur soutien et leurs précieux conseils au fil de mes cinq voyages, ces trois dernières années.

Séverine Morizet qui offre un écrin à mon travail avec ses maquettes ;
Camille Richer dont la finesse d'interprétation des images en postproduction est tout un art ;
Pia Wiklund-Paillier, Julie Béroule et toute l'équipe de Profoto pour leur accompagnement relevant de la persévérance, avec une mention spéciale à Athanase Petrogiani qui a ramené à la vie des flashs dans un état inouï.

L'équipe du Nikon Plaza et de Nikon France, et tout spécialement la patience infinie de Sébastien…

Hervé Pain, de Fotodart, pour les tirages des Rencontres photographiques d'Arles 2020.

Anne-Sylvie Bameule, Géraldine Lay et les éditions Actes Sud, pour la passion et l'énergie qu'elles ont mises dans la réalisation de ce livre.

Et Juliette Collomb, Cécile Nedelec et Julia Chiron, des Rencontres photographiques d'Arles.

Enfin, je remercie tout particulièrement Sam Stourdzé, pour la confiance, la patience et la générosité qu'il m'a accordées et pour avoir eu la curiosité – et le grain de folie – de m'accompagner en campagne à Pyongyang, deux fois !

ACKNOWLEDGEMENTS

This project could not have existed without the intervention of Adrien Gombeaud, who introduced me to the North Korean authorities in Paris, and Patrick Maurus, the most Koreanophile of Frenchmen. Adrien is the kind of witty and learned travelling companion that is hard to find these days.

Since a photographer's work is all about chance and wagers on the future, I also wish to particularly thank the people who believed in my project, boosted my confidence and enabled me to finance it all the way through.
Jennifer Samuel and Sarah Leen, who were the first to publish it in the prestigious pages of *National Geographic* magazine, at the same time making a lifelong dream come true.
Cyril Drouhet, a faithful friend and champion of the craft of image-making, and the photography department at *Figaro Magazine*, for their support over the years and, in particular, on this long-term project.
The French edition of *Vanity Fair*.
Paris Photo, which had the daring to give this work a prominent position during its 2018 edition.
And of course, Olivier Castaing, who has represented me for two years at the School Gallery in Paris. His eye, his advice and his wisdom have been precious to me, both in periods of doubt and in moments of euphoria.

A special thought for Hyon Ki-chol, an adviser at the General Delegation of the Democratic Popular Republic of North Korea, who succumbed to illness during the project, and whose voice I can still hear commenting on the images, and also for his successor Jong Chang-gwon.
Jong Mun-won and Ri Yong-man, respectively my main and second guide in Korea, with whom I discovered that billiards was a universal language, and the director Kim.

Pierre-Olivier François and Vélina Minkoff, two Pyongyang hands, for their support and their precious advice on my five visits over these last three years.

Thanks also to Séverine Morizet for the layouts that set off my work.
Camille Richer, a true artist for her subtle interpretation of the images in postproduction.
Pia Wiklund-Paillier, Julie Béroule and the team at Profoto for their support and perseverance, with a special mention for Athanase Petrogiani, who gave life back to the abysmal lighting.

The team at Nikon Plaza and Nikon France, and especially Sébastien for his endless patience.

Hervé Pain at Fotodart, for the prints at the Rencontres Photographiques d'Arles 2020.

I also thank Anne-Sylvie Bameule, Géraldine Lay and Éditions Actes Sud, for the passion and energy that they put into making this book.

And Juliette Collomb, Cécile Nedelec and Julia Chiron at the Rencontres Photographiques d'Arles.

Finally, very special thanks to Sam Stourdzé, for the trust, patience and generosity that he showed me and for having had the curiosity – and the streak of madness – to accompany me on my expeditions to Pyongyang – not once but twice!

Direction éditoriale | Géraldine Lay
Conception graphique | Christel Fontes
Toutes les traductions ont été réalisées par Charles Penwarden
Correction | Yvan Gradis (pour le français)
Bronwyn Mahoney (pour l'anglais)
Fabrication | Karima Chabaud
Photogravure | Christophe Girard

ISBN : 978-2-330-12011-5
Dépôt légal : octobre 2020
www.actes-sud.fr

Ouvrage achevé d'imprimer en juin 2020
par l'imprimerie EBS à Vérone
pour le compte des éditions Actes Sud
Le Méjan, place Nina-Berberova, 13200 Arles